KB124169

당신의 취업 성공을 응원합니다.

당신을 언제나 응원하는 _____

스펙이요? 없는데요?

한 권으로 끝내는 취업종합선물세트

스펙
이요?

한 권으로 끝내는 취업종합선물세트

유성열 지음

REAL
LEARNING

프롤로그

취업을 생각하면 막막해서 잠 못 이루는 그대에게

2014년의 가을은 너무 잔혹했다. 3년간 준비했던 공무원 시험에서 불합격 통보를 받았다. 최선을 다하지 않은 것은 아니었다. 2012년 3문제 차이, 2013년 1문제 차이, 2014년 2문제 차이..... 운명의 장난이라고 하기에는 너무 안타까운 결과였다. 결국 '내가 무능해서', '내가 조금 더 노력하지 않아서'라고 생각하고 받아들이려고 했지만 앞으로 살길이 막막했다.

그동안 모아두었던 돈은 모두 탕진했고, 전공인 심리학을 살리자니 석사 이상이 아니면 취업이 힘들다고 했다. 자격증이라고는 공무원 시험 기산점을 취득하기 위해 취득했던 컴퓨터활용능력2급 자격증과 운전면허증이 전부였다. 아! 한 가지가 더 있었다. 직업상담사2급 자격증.

가만히 생각해보았다. 내가 직업상담사2급 자격증은 왜 취득했을까? 지금도 그렇지만 심리학 전공자가 직업상담사 자격증을 취득하는 경우는 극히 드물다. 그것은 나에 대한 콤플렉스를 해결하기 위해서였다. 나는 너무 평범했다. 딱히 좋아하는 것도 없고, 잘하는 것도 없고, 외모가 특출난 것도 아니었다. 하지만 내 마음 깊은 곳에서는 '나는 지극히 평범한 사람이지만 평범하게 살고 싶지 않다.'라는 욕구가 있었던 것 같다 이제야 깨닫지만 단 한 사람도 그저 그런 인생은 없다. 모두가 소중하고 값진 인생이다 . 그래서 대학 시절에도 소위

'나를 찾아가는 여행'을 시도하고자 노력했다. 내가 좋아하는 것은 무엇인지, 내가 잘할 수 있는 것은 무엇인지, 나에게 중요한 것은 무엇인지. 관련된 책을 읽고, 강의를 듣는 도중에 도움이 될 것 같아서 취득했던 자격증이 직업상담사 자격증이었다.

그제야 한 줄기 빛이 보였다. '아! 나처럼 진로에 대해 고민하는 사람들을 상담해주고, 취업 앞에서 막막한 사람들을 도와주는 사람이 되자.' 그 길로 경력단절여성의 취업을 지원하는 여성인력개발센터에서 첫 직장생활을 시작하였다. 거기에서 육아로 인한 경력 단절 이후, 재취업을 고민하는 여성들, 한국으로 시집을 와서 어떻게든 정착해보려는 결혼이주여성들, 미혼모가 되어 살아갈 길이 막막한 분들을 만났다. 그리고 다음에는 하나센터에서 북한에서 탈북하여 대한민국에 정착하려는 북한이탈주민들을 만났다. 그 이후에는 대학일자리센터에서 취업이 막막하여 힘들어하는 지방사립대학 학생들을 만났고, 구청 일자리센터에서 진학보다는 취업을 준비하는 특성화고 학생들과 장애인, 기초생활수급 청년들도 만나게 되었다.

그분들과 함께 울고 웃으며 약 8년의 세월이 흘렀다. 진로·취업 상담을 진행하고, 자기소개서를 첨삭하며 면접을 지도하였다. 채용정보를 제공하고 동행면접을 했으며, 정부 취업지원제도를 연계해주었다. 나아가 진로·취업프로그램을 기획하고 운영하였고, 채용 행사를 진행하기도 했다. 그 과정에서 누군가는 인생의 방향성을 찾고, 누군가는 취업에 성공하여 자신의 삶을 살아가고 있다. 이 책에는 그동안 다양한 사람들을 만나며 쌓은 노하우와 실제로 취업이 막막할 수밖에 없는 상황에서도 당당하게 취업에 성공한 사람들의 이야기가 고스란히 담겨있다.

특히 이 책은 여러 가지 다양한 이유로 취업이 어려운 사람들에게 '최대한 알기 쉽게' 취업 준비 방법을 안내하고자 쓰였다. 그리고 중간중간 담겨있는 다양한 사람들의 취업 성공 이야기가 계속된 취업 실패로 낙심하는 사람들에게 희망과 위로가 되었으면 좋겠다.

마지막으로 직업상담사 남편을 만나 퍽퍽한 살림살이 속에서도, 언제나 내가 가는 길을 응원해주고 기도해주는 아내와 '다른 사람 도와주느라 많이 놀아주지 못하고 늘 바쁜' 아빠를 항상 기다리는 딸아이에게 감사의 마음을 전한다.

진로취업전문가 유성열

* 다양한 사람들의 취업 성공 이야기는 실화를 기반으로 작성되었지만
신상 정보는 그분들을 보호하기 위해서 철저하게 바꾸었다는 것을 말씀드립니다.

진로 취업 상담 후기

인생의 갈림길에서 방황하고 있을 때, 친절한 상담을 통해 구체적인 방향을 제시해주셔서 정말 많은 도움이 되었습니다. 감사합니다. 열심히 달려보겠습니다.

——— ○○대학교 미취학 졸업생

4학년이 되어서도 불분명했던 미래 때문에 좌절하고 갈팡질팡했던 것 같은데 상담을 통해서 나에 대해 더 잘 알게 되었고, 내가 원하는 곳이 어디인지 찾게 된 것 같습니다. 또한, 계획을 세워보며 진짜 할 수 있을 것 같은 자신감도 생겨서 이제 꾸준하게 저의 길을 나아가겠습니다.

——— ○○대학교 4학년 학생

상담하면서 취업에 대한 용기를 얻게 되었어요. 잠을 못 잘 정도로 걱정하고 고민했는데 상담 후에 마음이 훨씬 편안해졌어요. 감사합니다.

——— 계속된 공무원 시험 실패 이후, 상담을 받으러 온 청년

선택의 갈림길에서 도움이 절실했는데 많은 도움이 되었습니다. 상담 시작 전에 사전 질문을 통해 꼼꼼하게 저를 알아갈 수 있어서 좋았고, 실제 여러 사례를 간접적으로 들을 수 있어서 제 선택에 많은 도움이 되었습니다.

——— 진로 고민을 가지고 찾아왔던 30대 청년

취업이라는 길이 막연하고 막막하기만 했는데 지금 제 상황과 적성을 고려하여 명쾌하게 방향성을 제시해주셔서 정말 좋았고, 도움이 많이 되었어요. 힘내서 열심히 살아볼게요.
――――― 병원코디네이터로서 첫 출발을 도전하는 20대 여성

죽어있던 자소서에 심폐소생술을 해주셨어요. 섬세하고 꼼꼼한 피드백 감사합니다.
――――― 첫 대기업 자소서를 준비하는 대학교 4학년 학생

선생님이 많이 도와주신 덕분에 저 삼성전자 최종 면접까지 합격했습니다. 제가 주변 친구들한테 선생님 전도하고 있어요. 선생님이 최고라며. CJ올리브영, 라인도 선생님이 도와주신 자소서 덕분에 1차는 다 합격했어요. 많이 도와주셔서 정말 감사합니다.
――――― 삼성전자에 최종합격한 20대 청년

실제 취업 준비에 적용할 수 있도록 데이터를 기반으로 자료들을 알려주고, 다양한 직무에 대해 실질적인 자료들을 제공해주어서 좋았습니다. 특히 많은 궁금증을 가지고 있던 자소서 작성 방법에 대해 명확하게 알게 되어 자신감이 고취되었습니다.
――――― 취업 특강에 참여한 청년

지난 8월, 선생님께 자소서 첨삭을 받고 처음으로 서류 통과했습니다. 그동안 서탈했던 제가 첨삭 받고 최종합격까지 하게 되었네요. 경험이 있어도 지원하는 직무에 뭐가 적합할지 어떻게 적어야 할지 막막했는데 제 경험을 듣고 바로 피드백을 주셨습니다. 정말 가려운 곳 긁어주신 느낌처럼 사이다였습니다.

──────── 마케팅 분야 지원한 20대 청년

제 직종에 맞게 제가 쓴 글을 신선한 구성으로 다시 짜주셔서 같은 글이 맞을까 싶을 정도로 자소서가 한층 더 업그레이드 되었습니다. 저는 덕분에 지난주에 첨삭 부탁한 회사에서 서류합격 연락받았습니다. 감사합니다.

──────── 난생 처음 서류합격에 성공한 취준생

공기업의 운영 목적 등 기본적인 틀을 정말 잘 잡아주셔서 남은 시간 잘 준비해서 면접 보았습니다. 덕분에 건강보험공단 합격했습니다.

──────── 어렵게 공기업 취업에 성공한 특성화고 학생

새롭게 나에 대해서 알고, 진로 방향을 결정할 수 있게 되어 좋았습니다. 자신감, 자존감 높이는 특강!

──────── 진로 프로그램에 참여한 경력단절여성의 후기

공부가 인생에 다는 아니라고 생각했지만 그러면 뭐해야 할까 생각했는데 선생님 덕분에 내가 무엇을 잘하고, 무엇이 적성에 맞는지 알게 되어서 좋았습니다. 제 꿈을 확실하게 정할 수 있어서 좋았습니다.

——— 진로 프로그램에 참여한 고등학생

면접 일정이 얼마 남지 않아서 급하게 연락드렸는데 친절하게 응대해주시고 알려주셨습니다. 면접은 PT랑 인성 면접이었는데 상담할 때 미리 자료를 주셔서 필요한 정보를 얻을 수 있었고, 모의 면접을 통해서 면접 스킬과 역량을 키울 수 있었습니다. 하루 전날, 온라인 플랫폼 통해서 마지막 면접 점검까지 함께해 주셔서 이렇게 최종 합격할 수 있었습니다.

——— 산업안전보건공단에 합격한 특성화고 학생

갈 데
없는데, ----------

（1장）

어디에
취업하지?

취업 성공의 열쇠 = 관계와 태도
당신을 향해 열려있는 다양한 취업지원기관
인터넷을 통해 채용정보 찾기
숨은 채용정보 사이트 알려드립니다!
채용공고문, 보고 또 봐야하는 이유!

1

취업 성공의 열쇠 = 관계와 태도

주변 관계를 잘 활용하여 취업한 혜인 학생

취업에 성공한 경로를 물어보면 생각보다 많은 경우, '지인 소개로, 지인의 추천으로'라는 답변이 있다. 인적 네트워크를 활용한다면 다양한 채용정보를 얻을 수 있기 때문이다.

혜인 학생의 경우도 그러했다. 태권도학과를 다니는 혜인 학생은 하고 싶은 일이 많은 친구였고, 혜인이가 희망하는 직업을 살펴보니 '운동이나 패션/미용과 관련 있는 직업, 사람을 상대하고 외향적 성격의 장점을 활용할 수 있는 일'이라는 공통점이 있었다. 그래서 관련 직업군을 추천해주고 함께 경력개발 목표를 세웠다.

한 달 뒤, 목표 달성을 위한 실행을 잘 하고 있는지 확인하려고 전화했을 때, 혜인 학생은 뜻밖에도 친한 언니 소개로 캐디 교육을 받고 있다고 했다. 그리고 몇 주 뒤 다시 연락했을 때는 또 다른 언니 소개로 회계사무소에서 일하게 되었다고 소식을 전했다.

태권도, 패션/미용, 골프장 캐디, 회계사무소 직원까지. 연관성 없는 행보 같아 보이지만 부정적으로 볼 필요는 없을 것 같다. 혜인 학생의 주변에는 늘 혜인 학생과 같이 일하고 싶은 사람이 많은 듯했고, 주변에 사람이 많다는 것은 취업 준비에 분명 엄청난 자원이기 때문이다.

취업을 위한 주변 자원 활용하기

'준비가 되어 있지 않다면, 기회가 왔을 때 잡을 수 없다.'라는 말처럼 꾸준한 자기계발을 통해 자신의 역량을 키워나가는 것은 매우 중요하다. 그렇지만 뛰어난 역량만이 취업의 전부는 아니다. 대기업, 공기업, 공공기관 취업이 아닌 일반 중소기업 취업의 경우에는 오히려 "주변에 OO할 수 있는 사람 없어요?"라고 문의가 들어와서 취업이 되는 경우도 많다.

인터넷에 워낙 방대한 채용정보가 있는데 굳이 주변 인적 네트워크를 쌓을 필요가 있냐고 되묻는 청년들이 있다. 하지만 중소기업의 경우, 인사담당자가 인사 업무 이외에도 다양한 업무를 병행하다 보니 일일이 지원자의 서류를 검토하기에는 시간이 부족하다. 그래서 될 수 있으면 주변에 믿을 만한 사람에게 채용 추천을 의뢰하여 추려진 후보 중에서 채용을 진행하는 경우가 많다.

그렇기에 평소에 주변 사람들과 관계를 잘 맺고, 좋은 이미지를 심어 놓는 것은 매우 중요하다. 물론 이 말이 인맥에 의한 채용 비리를 만들자는 뜻은 결코 아니다. 취업 성공을 위해서는 해당 직무를 수행하는 데 필요한 자격과 경험을 미리 쌓아두는 것이 그 무엇보다 중요하다. 하지만

'지인 추천'에 의한 채용의 비중도 무시할 수 없으므로 주변의 평판도 가볍게 여기면 안 된다는 의미다.

　요즘에는 다양한 취업지원기관을 활용하여 취업에 도전하는 경우가 많다. 각 기관에 있는 직업상담사들은 취업 상담과 취업지원서비스를 통해 구직자들에게 적합한 기업에 채용 알선을 진행한다. 그런데 상담사들은 상담이나 취업 지원과정에서 소통이 잘되고, 성실한 태도로 임하는 구직자를 우선으로 기업에 추천한다. 따라서 취업지원기관 상담사를 포함하여 내가 만나는 모든 사람과 긍정적 관계를 맺어가는 것이 중요하다.

퍼스널브랜딩 = '나는 어떤 사람인가?'

　요즘 유행하는 단어 중에서 '퍼스널 브랜딩 Personal Branding'이라는 말이 있다. 반도체 하면 '삼성', 가전은 'LG', 커피는 '스타벅스'처럼 나 자신을 브랜드화하여 특정 분야에서 먼저 자신을 떠올릴 수 있도록 만드는 과정이다.

　주변 사람들이 평소 나의 말과 행동을 통해서 '어떤 직무를 희망하며 OO 역량을 갖춘, OO 성향의 소유자'라는 인식을 하게 만드는 것이 필요하다. 내 주변 사람들이 내가 요즘 취업을 위해 어떤 노력을 하고 있고, 어떤 분야로 취업을 희망하는지는 알고 있을 때, '추천 채용'이 가능한 것이다. 사람의 성향에 따라 인간관계의 폭이 상대적으로 좁을 수도 있지만 좁은 관계 내에서라도 '지원하고 싶은 직무에 대한 열정, 전문성, 성실성 그리고 좋은 인성'을 지속적으로 어필할 수 있다면 취업까지 이어질 수 있다.

내가 가진 인적 자원과 네트워크를 정리해보자!

기업의 채용은 점점 줄어들고, 취업하려는 구직자는 많아서 직무에 필요한 역량을 갖추는 것은 기본이고, 인적 자원을 최대한 활용할 필요가 있다. 그래서 내가 가진 인적 자원과 인적 네트워크를 정리해둔다면 큰 도움이 된다.

특히 내가 지원하려고 하는 직무와 관련된 분야에서 일하고 있는 현직자를 알고 있다면 가장 좋다. 조금 거리가 있는 관계라고 하더라도 용기 내어 연락을 시도해보자. 그리고 취업 준비 방법, 기업에서 중요하게 보는 요소, 필요한 역량, 현장에서의 주요 이슈나 경향 등을 들어보고 취업을 준비할 수 있다면 금상첨화다. 물론 유튜브 등에 올라온 현직자들의 이야기를 들어보는 것도 좋다. 하지만 유튜브의 경우, 조회수를 높이기 위해 다소 극적으로 이야기를 하는 경우도 많으므로 '신뢰할 만한 지인'의 이야기를 듣는 것을 가장 추천한다.

분류	관계	직무	관계 정도
가족/친척	아버지	엔지니어	중
	어머니	사회복지사	상
	누나	세무직 공무원	중
	이모	요양보호사	상
	큰삼촌	택시기사	중
	작은삼촌	전기공학과 교수	하

친구	철수	경찰공무원	상
	영희	대기업 마케팅부서	중
	철민이형	요식업 사장님	상
	미희누나	미용실 운영	상
	소희	중소기업 회계직	중
	태수 선배	기업 연구소 연구직	하
동아리/모임	성훈이형	소방분야 캐드사	상
	민희누나	옷가게 운영	중
	수민	대학교 조교	중
지인	인턴 담당자	공기업 인사팀	하
	아르바이트 동료	관세직 공무원 준비	중
	미용실 디자이너의 오빠	무역회사 영업직	하

이렇게 정리한 인적 네트워크를 활용하여 최대한 내가 지원하려는 직무와 기업과 가까운 사람을 찾아본다. 가까운 지인들에게는 만날 때마다 희망하는 직무와 역량을 강화하기 위해 노력한 것을 이야기하면 좋다. 그래서 나의 지인이 다른 동호회 모임이나 친구들을 만나러 갔을 때, "아! 내가 아는 사람 중에 그런 사람 있는데"라고 말할 수 있을 정도가 되면 된다.

생각보다 회사에 사람을 추천하는 것은 쉽지 않다. '인사가 만사'라는 말처럼 한 사람에 의해 회사가 살아날 수도, 망할 수도 있기 때문이다. 그래서 주변 사람들에게 신뢰를 얻는 것은 매우 중요하다. 오늘 하루, 내가 만나는 모든 사람들과 긍정적인 관계를 맺으려고 노력해보는 것은 어떨까?

Do it - 나의 인적 자원 정리표

위의 예시를 참고하여 나의 인적 자원과 네트워크를 정리해보자.

분류	관계	직무	관계 정도
가족/친척			
친구			
동아리/모임			
지인			

2

당신을 향해 열려있는 다양한 취업지원기관

자신에게 맞는 취업지원센터를 통해 취업 성공한 영진씨

하나센터*를 찾아온 영진씨는 다짜고짜 이렇게 말했다. "내레 북에 있을 때, 버스 운전 좀 해봤습네다. 여기서도 시내버스 운전 하고 싶은데 우리 사람들 취업 도와주는 곳이 있다고 해서 찾아왔습네다." 영진씨는 북한에서 버스 운전을 10년 이상 하였기 때문에 대형 차량 운전에 어려움이 없으며, 남한에서도 자가용을 운전하고, 택배 기사로도 1년 정도 일했다고 하였다. 기본 역량은 갖추었다고 판단하여 상담을 통해 버스 운전기사로 취업할 방법을 설명해드렸다.

방법을 알게 된 영진씨는 차근차근 대형운전면허증과 버스 운전기사 자격증을 취득한 이후, 6개월 정도 체육센터 셔틀버스 운전 경력을 쌓았다. 이후 대형버스 운전 경력을 쌓고자 하였지만, 대형버스 회사는 정식으로 서류 및 면접 전형을 통과해야만 했다. 북한에서의 경력과 남한에서의 경력을 최대한 살려 입사지원서를 완성하여 7-8군데 정도 지원했지만, 북한이탈주민에 대한 편견 때문인지 면접 보자는 연락은 한 곳도 오지 않았다.

취업지원기관 상담사로서 이대로 포기할 수는 없다는 생각에 채용공고문에 있는 인사담당자 연락처로 능력과 인성을 갖춘 분이니 면접만 한 번 봐 달라고 문자를 보냈다. 그러던 어느 날, "네, 그럼 한 번 와보세요."라는 답장이 왔고, 다행히 인사담당자가 영진씨를 좋게 봐주셔서 대형버스 운전을 시작하게 되었다.

그로부터 1년 뒤, 오랜만에 전화를 준 영진씨는 회사 동료가 시내버스 운전기사에 지원하는데 본인도 도전해보고 싶다고 하였다. 그래서 하나센터에서 추천서를 작성해드리고, 그동안의 노력과 간절한 마음 등을 진솔하게 자기소개서에 담아 드렸다. 그렇게 입사 지원을 하고 3일 뒤, 영진씨는 밝은 목소리로 전화를 주셨다. "선생님, 나 혼자 했으면 못 했을 건데 하나센터에서 도움 주셔서 시내버스 기사로 출근하게 되었습니다. 정말 고맙습네다."

*하나센터: 북한이탈주민들의 지역 내 정착지원을 위해 주거, 교육, 취업, 심리 등을 지원하는 통일부 산하 공공기관

취업지원기관 알아보기

생각보다 대한민국에는 다양한 취업지원기관이 손새한다. 각 정부 부처에서 운영하는 취업지원기관부터 직종별 취업지원기관, 그리고 민간 취업지원기관까지 종류와 특징이 다양하다. 북한이탈주민 영진씨도 북한이탈주민 전문 취업지원기관인 하나센터를 통해 대한민국 시내버스 운전기사로 취업할 수 있었던 것처럼 말이다.

특히 여러 가지 이유로 취업에 불리한 조건이 있다면 취업지원기관을 활용해서 취업을 준비하는 것이 훨씬 효율적이다. 대부분의 취업지원기관에서는 취업 상담 – 취업 준비 ^{자기소개서, 면접 등} – 채용 알선 – 사후관리까지 무료로 지원하고 있기 때문이다.

무엇보다 취업 취약계층 장애인, 노인, 경력단절여성, 북한이탈주민, 결혼이주여성 등의 경우에는 채용 시, 국가에서 기업에 다양한 지원금이나 제도적 혜택을 제공하기에 취업지원기관을 통해 그러한 제도를 적극 활용한다면 상대적으로 더 우수한 기업에 더 빨리 취업할 수 있다.

대상별로 이용 가능한 취업지원기관에 대해서 알아보자. 물론 아래 기관들 이외에도 정말 다양한 취업지원기관이 존재한다.

대상	기관명	주요 역할	주관 부처
전연령	고용복지플러스센터 (고용센터)	· 구인 및 일자리 창출 · 구직자 맞춤 취업 지원 · 실업급여 및 재취업 지원 · 복지/자립 지원	고용노동부
	시청/구청 일자리센터 (일자리재단)	· 구인/구직 등록 및 채용 알선 · 취업상담 및 직업훈련 정보 제공	시/군/구청
청소년	교육청 취업지원센터	· 특성화고/마이스터고 취업 매칭 · 취업역량강화 교육	교육부
청년	대학일자리플러스센터	· 대학생 및 지역 청년 진로/취업 상담 · 진로/취업지원프로그램 제공 · 청년고용정책 연계	고용노동부
	서울시 청년일자리센터	· 청년 일자리 컨설팅 · 스터디룸 제공	서울특별시
	청년취창업지원센터 (청년디딤터/청년두드림센터/ 청년내일센터 등 명칭 지역별 상이)	· 청년 진로/취업/창업 상담 · 진로/취업/창업지원프로그램 제공	각 지자체
경력단절여성	여성인력개발센터 (여성새로일하기센터)	· 여성 구인/구직 등록 및 채용 알선 · 취업상담 및 사후관리 · 직업훈련 제공 · 경력단절예방 위한 사업 수행	여성가족부

경력단절여성	여성발전센터	· 여성 직업능력개발 · 여성 취/창업 지원 · 여성 일자리 창출	서울특별시
장애인	한국장애인고용공단	· 장애인 취업지원 · 장애인 직업능력개발 · 장애인 일자리 안정 위한 근로지원 및 공학적 지원	고용노동부
	서울시장애인일자리 통합지원센터	· 장애인 구인/구직 등록 및 채용 알선 · 취업상담 및 사후관리	서울특별시
노인	어르신취업지원센터	· 어르신 취업 상담 · 구인/구직 정보 제공	서울특별시
	한국노인인력개발원	· 노인일자리 창출 및 연계(공익 활동) · 노인자원봉사활동 연계	보건복지부
	시니어클럽	· 노인일자리 사업 수행 · 노인인력 활용 위한 교육 훈련 및 사후 관리 제공	보건복지부
	대한노인회 취업지원센터	· 구인/구직 등록 및 채용 알선 · 취업상담 및 사후관리	보건복지부
	노사발전재단 중장년희망일자리센터	· 전직지원 서비스 · 퇴직(예정)자 전문 취업/창업지원서비스	고용노동부
	경영자총협회 중장년일자리희망센터	· 중장년 구인/구직/채용알선 · 맞춤형 취업상담 · 재취업 역량 강화 교육 · 생애경력설계	경총
	장노년일자리센터	· 장노년 취업 상담 · 장노년 일자리 개발 및 연계 · 장노년 생애재설계 교육 및 사회공헌사업 지원	부산광역시
	서울시50플러스재단	· 50+맞춤 생애설계 · 직업전환 지원 · 창업/창직 지원	서울시
기타	한국법무보호복지공단	· 법무보호대상자(출소자) 취창업지원 · 직업훈련 제공	법무부
	북한이탈주민지원재단	· 북한이탈주민(탈북민) 취창업지원 · 직업훈련 제공 · 북한이탈주민 정착 및 자립 위한 지원 제도 운영	통일부

기타	다문화가족지원센터 (가족지원센터)	· 다문화여성/결혼이주여성 취업 상담 · 취업 교육 및 연계	보건복지부
	지역자활센터	· 저소득층 위한 자활근로사업 운영 · 교육/훈련 제공 · 취/창업 상담 및 정보제공	보건복지부
직종별	항공일자리 취업지원센터	· 항공 분야 취업 희망자 취업 정보 제공 · 멘토링 등 취업 노하우 제공	국토교통부
	관광일자리센터	· 관광업계 취업 관련 컨설팅, 취업정보 제공 · 구인/구직 매칭	문화체육관광부
	제대군인지원센터 *국방취업지원센터	· 제대군인 취업 상담 및 취업 알선 · 제대군인 우대 일자리 확보 · 직업교육훈련 지원	국가보훈처
민간취업 지원기관	국민취업지원제도 운영기관	· 취업상담 · 취업지원서비스 제공 · 채용 알선 및 사후관리 · 구직활동지원금 지급	민간기업
해외취업	산업인력공단 (월드잡플러스)	· 해외일자리정보 제공 · 해외취업교육	고용노동부

※ 정부부처가 바뀌면 기관명이 변경되기도 한다.
※ 각 지역에 따라 해당 기관이 있을 수도 있고, 더 많은 기관이 존재하기도 한다.

취업 준비는 물고기를 잡기 위해 그물을 던지는 과정이다

이렇게 다양한 취업지원기관을 이용할 수 있음에도 불구하고, 많은 구직자가 한 군데의 취업지원기관에 구직등록을 해두고 연락이 오기만을 기다리는 경우가 많다. 그러나 동일한 전산 시스템을 사용하는 기관이 아니라면 중복으로 구직등록이 가능하므로 최대한 많은 기관에 구직등록을 해놓는 것을 추천한다.

그물로 물고기를 잡을 때, 한 곳에만 그물을 쳐두는 것보다 여러 곳에 그물을 쳐두면 물고기 잡을 확률이 높아지는 것처럼 다양한 취업지원기관을 방문하여 정보를 수집하고, 취업지원서비스를 받으면 취업 확률을 높일 수 있다.

취업지원기관에 방문하기로 마음을 먹었다면 먼저 내가 사는 지역에서 가장 가까운 기관들을 찾는 것이 좋다. 자기소개서 첨삭, 면접 지도 등 상황에 따라서는 여러 차례 기관에 방문해야 하기 때문이다. 다행히 대부분의 취업지원기관이 접근성이 좋은 곳에 위치하기 때문에 인터넷 검색을 통해 취업지원기관을 찾아서 방문하면 된다.

그렇게 거주지와 가까운 취업지원기관을 찾았다면 최소 3군데 이상은 방문할 것을 추천한다. 기관별로 주요 서비스 내용이나 특화 프로그램이 다르고, 그 날 상담을 진행한 직업상담사마다 강점과 전문 분야가 다를 수 있으니 말이다.

Do it - 나에게 맞는 취업지원기관 방문하기

방문하려고 하는 기관명과 위치, 관심있거나 또는 지원받고 싶은 내용이 있다면 정리해 보자.

3

인터넷을 통해 채용정보 찾기

자신과 맞는 채용사이트 방문이 중요함을 보여준 해영씨

해영씨는 아침마다 눈을 뜨며 '사람인', '잡코리아' 등 채용사이트를 정독하며 온라인 입사 지원을 하였다. 대학을 졸업한 지 2년이 지날 때까지 취업을 못 한 상태였기 때문이다. '언젠가는 되겠지.'라는 막연한 기대감으로 계속 온라인 입사 지원을 했지만, 면접 연락이 오는 곳이 없어서 답답한 마음에 일자리센터를 찾았다.

해영씨의 경우, 행정학과를 졸업했고, 공무원 시험도 준비했기 때문에 오히려 공공기관이나 공공의 성격을 띤 기관, 협회 등에서 일하는 것도 좋을 것 같았다. 그래서 민간 채용사이트가 아닌, 워크넷에서 꾸준히 정보를 확인하면서 입사 지원해 볼 것을 권유했다.

워크넷은 고용노동부에서 운영하는 채용사이트이다. 상대적으로 청년층이 선호하는 기업의 채용공고가 적기는 하지만, 반대로 공공기관이나 공공의 성격을 띤 단체, 협회 등에서 게시하는 채용공고가 자주 올라오는 편이다.

아니나 다를까, 해영씨는 '워크넷'에 올라온 공공기관 사무직 채용정보를 접하게 되었고, 행정학과 출신임을 강조하여 2개월 만에 취업에 성공하였다. 비록 1년 계약직 근무였지만 너무 오랫동안 취업 준비만 하면서 시간을 보냈기 때문에 추후 무기계약직 전환 가능성을 생각하여 성실하게 근무해보기로 하였다.

각 인터넷 취업 포털 사이트별로 정보가 다르다?

대한민국에는 인지도 있는 취업 포털 사이트가 여러 개 존재하지만, 인사담당자들은 선호하는 특정 채용사이트 한 두 개만 주로 이용한다. 따라서 구직자^{취준생} 입장에서는 다소 번거로울 수 있지만, 인지도가 높은 다양한 채용사이트 여러 곳에 회원가입을 하고, 각 사이트에 이력서와 자기소개서를 미리 등록해두는 것이 중요하다.

예를 들면, '사람인'에는 없는 기업의 채용공고가 '잡코리아'에는 있고, '잡코리아'에 없는 채용공고가 '인크루트'에는 있는 경우가 있기 때문이다. 특히 요즘에는 '맞춤 채용정보 제공' 등의 서비스가 각 채용사이트별로 제공되므로 미리 희망 지역, 희망 직무, 희망 연봉 등을 설정해놓으면 관련된 채용정보가 자동으로 정리되어 이메일이나 문자로 전송된다. 이를 활용하면 편리하게 필요한 채용정보를 찾을 수 있다.

왜 대기업, 공기업 채용공고는 없을까?

처음 취업을 준비하는 학생 중에 이런 질문을 하는 경우가 있다. "선생님, 그런데 왜 채용사이트에는 대기업이나 공기업 채용공고는 잘 안 올라

오나요?" 그 이유는 대기업, 공기업의 입장에서는 굳이 채용공고를 여러 곳에 게시하지 않아도 입사 지원을 하는 지원자가 너무 많아서 그렇다. 대기업이나 공기업은 주로 자사 홈페이지 공지사항이나 자사 전용 채용 사이트에만 채용공고를 게시한다.

간혹 특정 채용사이트의 경우, 대기업/공기업/중견기업 등의 채용정보를 별도로 정리하여 페이지로 구성해두기도 하고, 네이버나 다음의 '대기업 취업준비생들의 모임', '공기업 취업 준비생들의 모임' 등의 카페에서 관련 정보를 찾을 수도 있다. 그렇지만 대기업/공기업 취업을 희망한다면 관심 있는 대기업, 공기업 공지사항이나 채용공고 사이트 링크를 즐겨찾기 해놓고, 수시로 확인하는 것이 좋다.

공기업은 주로 이전 해의 재용 시기와 동일하게 채용을 하는 경우가 많지만, 대기업은 공채 대신 수시 채용으로 전환된 경우가 많으므로 수시로 채용공고를 확인할 필요가 있다.

공공기관 채용, 공공일자리 채용정보는 여기에!

많은 구직자가 공기업이나 공무원 이외에도 공공 분야에서 근무하기를 희망한다. 공공 분야의 경우, 일반 정규직 이외에도 임시직, 기간제, 무기계약직 등 다양한 방식으로 직원을 채용하기 때문에 특별히 정규직 입사 준비가 덜 되었거나 정규직은 아니더라도 공공분야에서 근무 경험을 쌓고 싶은 경우에는 다음의 사이트를 참고하기를 추천한다.

알리오 ALIO – 공공기관 경영정보 공개시스템
https://www.alio.go.kr > 채용정보

알리오 사이트에서는 지역별, 조건별 공공기관 채용정보를 한눈에 볼
수 있다.

그리고 상대적으로 나이가 많거나 일반 채용 시장에서 취업이 어려운
취업취약계층의 경우, 지자체에서 운영하는 공공일자리에 참여할 수 있
다. 공공일자리 정보는 거주하는 관할 시청/군청/구청의 공지사항이나
채용정보 페이지 또는 각 구청/군청에서 운영하는 지자체 일자리센터를
방문하면 관련 정보를 알아볼 수 있다.

Do it - 실전 채용정보 찾아보기

실제로 채용정보를 찾아보며, 인터넷을 활용하여 취업 정보를 찾는 방법을 익혀보자.

희망 채용 조건			
희망 지역	희망 직무	희망 급여	근로계약방식

채용사이트 확인				
채용사이트 이름	관심있는 채용공고 (기업명)	지원자격/요건	접수방법	접수 마감일

관심 있는 채용정보를 정리해두었다면 다음 장에서 작업한 이력서, 자기소개서 등을 첨부하여 실제 입사지원까지 진행해보는 것을 추천한다. 또한, 중소기업의 경우 적격자가 나타나면 채용을 조기에 마감하므로 채용 마감일 최소 3일 전까지는 입사 지원을 하는 것이 좋다.

4

숨은 채용정보 사이트 알려드립니다!

특화채용공고 사이트를 통해 일자리를 구한 경력단절여성 지희씨

지희씨는 한때 잘나가는 병원 코디네이터였지만, 구청 일자리센터를 찾아올 때는 어린 두 아이를 둔 평범한 경력단절여성이었다.

두 아이가 모두 어린이집에 다니게 되자 다시 병원 코디네이터로 일하고 싶은 마음이 생긴 지희씨는 각종 채용사이트를 샅샅이 뒤져보았지만, 조건이 맞는 곳이 거의 없었다. 병원 코디네이터 특성상 주말과 늦은 저녁까지 근무하는 경우가 많았고, 남편도 육아와 가사를 분담해 줄 수 있는 처지가 아니었으며 주변에 육아를 도와줄 사람도 없었기 때문이었다.

한 달 동안 하루도 빠짐없이 시간제 병원코디네이터 일자리를 찾아보았지만 실패하고 구청 일자리센터를 찾아온 지희씨에게 '병원잡'이라는 구인사이트를 알려주었다. '병원잡'에는 병원 관련 채용정보만 집중적으로 올라오기 때문에 상대적으로 채용정보를 확인하기에 유리했다.

그로부터 한 달 뒤, 지희씨에게 시간제 병원코디네이터 일자리를 구했다는 연락이 왔다. 병원잡에 채용공고를 올린 한 병원에서 오전에만 근무가 가능한 병원코디네이터를 급하게 찾았고, 지희씨의 조건과 맞아 극적으로 취업에 성공하게 되었다.

직종별로 특화된 채용공고 사이트가 따로 있다?

생각보다 많은 사람이 '워크넷', '사람인', '잡코리아', '인크루트'와 같은 종합 채용정보 사이트 이외에 직종별로 특화된 채용사이트가 있다는 사실을 잘 모르고 있다. 특별히 해당 직종 관심자나 경력자만 채용하는 경우에는 특화된 채용공고 사이트에만 채용공고를 올리는 일도 있으므로 이를 잘 활용할 필요가 있다.

일례로 사회복지사 채용공고의 경우에는 대부분 '복지넷'에서 채용정보를 제공하고 있다. '복지넷'에는 사회복지사 채용공고 이외에도 사회복지기관에서 일하는 사무원, 조리원, 요양보호사 등에 대한 채용공고도 제공된다. 그 이외에 주요 직종별로 특화된 채용공고 사이트는 아래와 같다.

분류	사이트명	주요 정보	링크
교육/복지	복지넷	· 사회복지사/복지관 근무자 채용정보	bokji.net
	교육청 홈페이지	· 학교 강사/기간제 교사채용 정보	각 교육청 홈페이지
	하이브레인넷 올브레인	· 교수/강사/연구원 취업 정보	hibrain.net
의료	병원잡	· 간호사/간호조무사/치과위생사/ 물리치료사/코디네이터/원무행정 등 병원 관련 구인구직	byeongwonjob.com

의료	널스잡	· 간호사/간호조무사/치과위생사/ 물리치료사/코디네이터/원무행정 등 병원 관련 구인구직	nursejob.co.kr
	굿잡피티	· 병원별 물리치료사 취업 정보	goodjobpt.com
관광/여행	관광인	· 호텔/리조트/여행사 등 관광 분야 일자리	academy.visitkorea. or.kr
	에어워크	· 조종사/승무원/관제사 등 항공 분야 일자리	airportal.go.kr
	에이플러스코리아	· 호텔/컨벤션/웨딩홀 분야 취업정보	aaplus.co.kr
	전시UP	· 전시기획/이벤트/마케팅 등 전시 산업 분야 취업 정보	expoup.or.kr
무역/물류	포워더케이알	· 수출입/물류 분야 취업 정보	forwarder.kr
방송/영상/광고	미디어잡	· 기자/PD/작가/방송기술/방송미 술(CG)/방송진행(아나운서,리포 터 등) 방송미디어 분야 취업 정보	mediajob.co.kr
	광고정보센터	· 광고기획/제작/홍보/마케팅 등 광고 분야 취업 정보	adic.or.kr
디자인	디자인잡	· 그래픽/시각/캐릭터 · 애니메이션/ 출판 · 편집/제품 · 산업 등 디자인 분야 취업 정보	designjob.co.kr
패션	패션스카우트	· 패션디자인/개발 · 생산/MD 등 패션 분야 취업 정보	fashionscout.co.kr
연구/개발	알앤디	· 이공계 인력 중개 센터	rndjob.or.kr
IT/기술	이엔지잡	· 설계/설비/R&D/품질/정비 등 이공계 기술 취업 정보	engjob.co.kr
	게임잡	· 게임개발/사운드 · 영상제작/ 기술지원 등 게임분야 취업 정보	gamejob.co.kr
건설	건설워커	· 토목/건축/인테리어/설계 등 건설 분야 취업	worker.co.kr
	건설일드림넷	· 건설 현장직 채용 정보	cid.or.kr
체육	잡스포이즈	· 스포츠분야 사무직(협회,위원회)/ 강사/지도자/통역 등 취업정보	spobiz.kspo.or.kr/job
미용	미용인잡	· 헤어/메이크업/네일아트/속눈썹/ 피부관리 등 미용 분야 취업정보	miyonginjob.com

요식업/조리	푸드엔잡	· 조리/제과제빵/바리스타/	foodnjob.com
	푸드잡24	영양사등 조리 분야 취업 정보	foodjob24.com
판매	영업인닷컴	· 영업/판매/TM 분야 취업정보	youngupin.com
해외취업	피플앤잡	· 외국계기업 취업 정보	peoplenjob.com
기타	프리몬	· 분야별 프리랜서 채용 정보	freemon.co.kr

채용공고 사이트인 듯, 아닌 듯 채용정보 게시판

위에서 제시한 직종별 채용 정보 사이트 이외에도 특정 직무의 채용 정보를 알 수 있는 곳이 있다. 각종 전문 분야 협회나 각종 포털 사이트 _{네이버, 다음 등} 카페에도 특정 직무 직원을 채용하는 게시판을 운영하고 있다.

1. 지방변호사회 홈페이지 : 변호사, 법률사무원 채용정보

   각 지역변호사회 홈페이지 > 취업정보센터

2. 한국공인회계사회 홈페이지 : 회계 사무원 채용정보

   https://www.kicpa.or.kr > 알림마당 > 구인정보

3. 금융투자협회 : 금융 사무원/전문가 채용정보

   http://www.kofia.or.kr > 회원사정보 > 회원사소식

4. 각종 카페 게시판(네이버, 다음 등)

   [네이버카페] 딱공기업 : 공기업 채용정보 신속 제공

   [네이버카페] 좋은 직업상담사를 꿈꾸는 사람들 : 직업상담사 채용정보

   [네이버카페] 모델나라 : 모델 채용정보

   ※ 이외에도 다양한 인터넷 카페에서 채용정보를 제공하고 있음

Do it - 숨은 채용정보 사이트 접속해보기

이러한 숨은 채용정보 사이트를 알게 되었다면 실제로 접속해보는 것이 중요하다. 관심 있는 직무의 숨은 채용정보 사이트에 접속하여 채용정보(채용사이트명/채용공고/지원자격과 요건/접수방법/접수마감일)를 정리해보자.

5

채용공고문, 보고 또 봐야하는 이유!

채용공고 본 적 없이 스펙만 쌓았던 지훈씨

"사부직이면 뭐든 상관없어요." 곧 졸업을 앞둔 경영학과 학생 지훈씨의 대답이었다. 지훈씨는 지금까지 나름대로 열심히 취업 준비를 했다고 히었다. 방학 때마다 토익 점수를 올리기 위해 학원도 다녔고, 컴퓨터 자격증도 취득하고, 한국사능력검정시험도 응시하여 자격증을 취득하였다.

"혹시 채용사이트에서 채용공고 자세히 본 적 있어요?"라고 묻자 지훈씨는 아직 제대로 채용공고문을 본 적이 단 한 번도 없다고 하였다. 기본 스펙이 준비가 되었을 때 채용공고문을 보면 되지 않냐고 반문했다. 그렇게 지훈씨는 기업에서 어떤 직무를 많이 채용하고, 각 직무에서는 어떤 역량을 요구하는지 제대로 알아보지 않고, 무작정 학점관리와 기본 스펙 쌓기에만 몰두하고 있었던 것이다.

그래서 지훈씨에게 먼저 근무하고 싶은 기업을 고르고, 각 기업에서 채용하는 직무와 필요한 자격, 경험 등을 정리해보도록 하였다. 규모가 큰 기업일수록 업무가 세분화되어 있기에 직무별로 다른 역량을 요구하기 때문이다. 이후 지훈씨는 인사나 홍보/마케팅 직무로 범위를 좁혀 직무별로 적합한 자격증을 취득하고 관련 경험을 쌓기로 하였다.

채용공고를 열심히 봐야 하는 이유 3가지

채용공고를 자주 보고, 분석해야 하는 이유는 다음과 같다.

첫째, 취업 준비의 방향성을 알 수 있다. 기업은 점점 스펙보다는 실제 직무 역량을 보고 직원을 채용하고 있다. 하지만 많은 구직자의 경우, 불안한 마음에 기본 스펙을 먼저 갖추기 위해 너무 많은 에너지를 소모한다. 그러나 반대로 기업에서는 당장 현장에 투입할 수 있는 실무 역량을 요구한다. 그래서 채용공고문에 나와 있는 실제 업무 내용이나 우대 사항을 미리 파악하고, 그에 맞는 능력을 키우는 것이 중요하다.

둘째, 채용 시장에 대한 이해도를 높일 수 있다. 취업 상담을 하다 보면 한 번씩 말도 안 되는 희망 임금을 받고 싶다고 이야기하는 사람들이 있다. 아무 자격, 경력이 없음에도 적어도 월 300만원 정도 벌어야 최소한의 안정적인 생활이 가능하지 않겠냐고 이야기하는 경우도 많다. 하지만 2023년 기준으로 월 최저 임금은 201만원이다. 채용 사이트의 채용공고를 직접 봐야 평균적인 임금 수준도 확인하고, 내가 일하고 싶은 지역에는 주로 어떤 일자리가 있는지, 반대로 내가 희망하는 직무는 어떤 지역에 위치한 기업에서 채용하는지 등 채용 시장을 이해할 수 있다.

셋째, 자기소개서를 작성하거나 면접을 준비할 때, 활용할 수 있다. 요즘 자기소개서와 면접의 트렌드를 한 단어로 압축하자면 '직무적합성'이다. 자기소개서와 면접 답변에서 지원하는 직무에 맞는 경험/사례를 제시하고, 입사 이후에도 해당 직무에서 어떤 방식으로 성과를 낼 수 있을지를 자세하게 제시해야 한다.

Do it - 채용공고문 분석하기

희망직무를 채용하는 기업의 정보를 분석해보자. 기업정보(업종, 매출액, 종업원수, 주요제품/서비스, 기업비전/핵심가치, 인재상), 급여, 근무지, 직무내용, 필요역량, 우대사항 등을 정리해보자.

업종		매출액		종업원 수	
주요 제품/서비스					
기업의 비전/핵심가치					
인재상					
급여 수준					
근무지					
직무 내용					
필요 역량					
우대사항					

업종		매출액		종업원 수	
주요 제품/서비스					
기업의 비전/핵심가치					
인재상					
급여 수준					
근무지					
직무 내용					
필요 역량					
우대사항					

쓸 게
없는데, --------

2장

이력서 자소서에

뭘 쓰지?

쓸 내용이 하나도 없어요

3줄 썼는데 더 이상 못쓰겠어요

우울했던 우리 집안 이야기, 꼭 써야 하나요?

장점 한 줄, 단점 한 줄 썼는데 또 뭘 써야 하나요?

아무리 생각해도 저는 강점이 없어요

신입으로 지원하는데 관련 경험이 당연히 없죠

돈 벌려고 지원했는데 그렇게 쓸 수는 없잖아요

아직 일도 안 해봤는데 직무 수행 계획을 어떻게 세우죠?

NCS, 그게 뭐죠? 먹는 건가요?

1

쓸 내용이 하나도 없어요

영혼까지 끌어모아 쓴 이력서로 합격한 동현 학생

"저도 한번 해봐도 되나요?"라고 조심스레 채용박람회 참여 의사를 밝힌 동현 학생은 소위 말하는 이력서에 아무것도 쓸 게 없는 상태였다. 전공은 일본 비즈니스였으나 특별히 일본어를 잘하는 것도 아니고, 비즈니스 관련 경험이나 자격증이 있는 것도 아니었다. 학점도 그리 높은 편이 아니었고, 조용한 성격이라 적극적으로 취업 준비를 해본 적도 없다고 하였다.

그럼에도 어떤 기업이든 지원해보고 싶다고 하였고, 채용박람회 참가 기업리스트를 살펴보다가 한 자동차부품회사에서 생산관리직 채용공고문을 보게 되었다. 공고문엔 <자동차 관련 전공자 우대, 관련 전공자 아니어도 됨. 적극적이고 끈기 있는 직원 환영>이라고 쓰여 있었다. 생산관리직이 결코 쉬운 직무는 아니지만, 다른 대안이 없어 동현 학생도 일단 지원해보겠다고 하였다.

자기소개서에 넣을 만한 경험이 거의 없었기에 생산관리 직무와 그나마 연관성이 있다고 할 수 있는 고등학교 축제 준비, 대학교 조별 과제, 편의점 아르바이트 등의 경험들을 최대한 수집했다. 그리고 기업의 자소서 문항에 맞도록 최대한 배치하였고, 기업의 비전과 사업 방향에 맞추어 완성하였다. 이후 지원마감일 전날 급하게 입사지원을 했지만 성실한 자기소개서 작성과 면접 때의 적극성 덕분에 채용 전형에 최종 합격하였고, 첫 출근을 할 수 있었다.

특별한 경력도, 자격증도 없는데 취업이 될까요?

위 동현씨의 사례처럼 제대로 된 스펙이 없어도 취업이 되는 경우가 있다. 물론 상대적으로 취업 준비자들이 피하는 직무일수록 취업 확률이 높아진다. 특히 중소기업의 특정 직무의 경우, 일할 사람을 구하지 못해 너무 힘들다는 인사담당자의 이야기를 종종 듣는다.

그럼에도 많은 대학생이 학점, 동아리 활동, 아르바이트 등에 집중하다가 결국 취업 준비를 제대로 하지 못하고, 졸업 이후에야 실제 취업 현장에서는 그다지 필요 없는 기본 자격증이나 어학 점수를 취득하기 위해 불필요한 애를 쓴다.

그래서 자기 탐색을 통해 희망하는 직무가 명확하게 정해졌다면 기본 스펙 쌓기에 도전하기보다는 그 직무에 취업하는 데 필요한 것이 무엇인지 먼저 살펴보아야 한다. 굳이 불필요한 스펙이 없어도 취업에 성공할 수 있기 때문이다.

이력서 작성법

취업을 위해 가장 먼저 작성해야 하는 것이 바로 이력서이다. 이력서에 무언가를 채우는 것도 중요하지만, 올바르게 이력서를 작성하는 것도 중요하므로 이력서를 작성한 후 아래 내용을 다시 한번 검토하면서 확인해보자.

○ 빈칸을 모두 채우되, 해당하지 않는다고 임의로 지우면 안 된다

○ 증명사진을 요구하는 이력서라면 최대한 잘 찍어서 넣자 과도한 포토샵 금물

○ 글자정렬/글자체/글자크기/오탈자 확인하자

○ 사실만 작성하자 자격증, 유효기간 등 확인

○ 단어를 직무와 관련된 세련된 표현으로 바꾸자 홀서빙 → 고객응대 및 매장관리

○ 경력과 경험을 잘 구분하자

○ 경력/학력 등은 최신순으로 강조하고 싶은 경력/자격증이 있다면 제일 먼저 놓을 수 있음

○ 자사 양식이 있는 경우, 양식에 맞추어 작성한다 임의로 양식을 변경하면 감점 요인

이력서 작성 예시

입사지원서

사진 3*4	인적 사항	성명	유성열	지원 부문	지원회사	리얼워크
		생년월일	1988. 12. 24.			
		연령	만 34세		지원분야	사무직

연락처	주 소	OO시 OO구 OO로 OO번길 OO	전화번호	010-0000-9935
	이 메 일	sunrise88i@naver.com	비상연락처	

학력사항	졸업년월	학교명	학과명	소재지	평균학점
	2013. 02.	부산대학교	심리학과	부산	3.92/4.5
	2007. 02.	창녕고등학교	문과	경남	-

경력사항	기간	근무처	직급/직책	담당 업무
	2022. 03.~현재	구청일자리센터	선임 컨설턴트	자기소개서 및 면접 컨설팅, 체용 알선 취업프로그램 기획 및 훈링
	2020. 06.~2022. 02.	대학교	컨설턴트 팀장	대학생 진로 상담 취업강의·취업지원사업 운영
	2016. 09.~2020. 05.	재단	취업 팀장	탈북민 진로, 취업 상담, 알선
	2014. 10.~2015. 12.	여성인력개발센터	직업능력개발 팀장	직업훈련 기획, 운영, 직업상담
	2007. 05.~2007. 12.	패스트푸드점	아르바이트생	고객응대 및 메뉴제조

자격사항	취득년월	자격증명	시행기관	대외활동	활동기간	활동내용
	2019. 12. 20.	직업상담사1급	한국산업인력공단		2019. 05.~현재	청소년 진로 교육 강사
	2019. 09. 30.	공기업 채용분석관	커리어에듀		2014. 01.~10.	진로체험활동 운영
	2019. 03. 20.	스피치지도사2급	한국경영인재개발원		2012. 04.~12.	국가인권위원회 행정코디

상기 기재사항이 사실임을 확인합니다.

작성일자: 2023년 1월 1일
지 원 자: 유 성 열 (인)

Do it - 이력서 작성을 위한 교육/자격/경력/경험 정리하기

교육	구분	학교	과목명	시수(시간)	성취도/학점	내용
	학교교육	고등학교	통계학원론	3		· 기초 통계 · 통계 분석 기법 이해
	구분	기관명	과정명	기간	교육시간	내용
	직업교육	OO직업 전문학교	SNS 마케팅 실무자 양성	2022. 02. ~2022. 10.	40시간	· SNS 마케팅 분석기법 이해 · SNS 채널 개설 및 운영 실습

자격/ 수료	구분	자격증명	취득일자	코드	발급기관	
	국가공인	직업상담사 1급	2019. 12. 20.	K12345678	한국산업인력공단	
	민간	공기업 채용분석관	2019. 09. 30.	A12345	커리어에듀	
	구분	수료과정	수료일자	발급기관	비고	
	수료	CAP@	2021. 10. 01.	한국고용 정보원	청년층 직업지도 프로그램	

경력	구분	근무지	근무부서	직위/직급	근무기간	담당직무
	경력	대학교	대학일자리 센터	컨설턴트 팀장	2020. 06. ~2022. 02.	· 대학생 진로 상담, 취업강의 · 취업지원사업 운영

	구분	활동장소	본인역할	활동기간	주요활동내용
경험	경험	중고등학교	청소년 진로강사	2019. 05. ~현재	· 기업가정신 강의 · 미래직업 및 창직 강의

특히 공기업/금융권 입사를 위한 NCS입사지원서의 경우, 교육/자격/경험/경력 등을 체계적으로 입력해야 하기 때문에 미리 위 내용을 정리해두고, 입사지원서를 작성하면 큰 도움이 된다.

경력기술서 작성하기

경력직으로 입사 지원하는 경우, 경력기술서 작성을 요구하는 기업이 많다. 우리는 언젠가 경력이 쌓일 것이고, 평생직장의 개념이 사라지고 있으므로 경력기술서 작성법도 미리 익혀두자. '나중에 경력기술서에 어떤 성과를 넣을 수 있을까?'라는 관점에서 지금 맡은 일을 바라보면 업무에 대한 동기부여도 될 수 있다.

> **경력기술서**
> 이전 직장에서 수행했던 업무 내용, 성과 등을 구체적으로 작성한 문서

경력기술서는 아래 예시처럼 개조식 _{내용을 쓸 때, 앞에 번호를 붙여 가며 짧게 끊어서 중요한 요점이나 단어를 나열하는 방식} 으로 작성하는 것을 추천한다.

1. OO센터 선임 컨설턴트

- 기간: 2022. 02. ~ 현재 (1년)
- 역할: 청년층 취업지원프로그램 운영 및 서비스 제공, 각종 보고서 작성
- 주요업무
  : 청년층 취업지원프로그램 운영: 방문 특강 12회, 기업탐방프로그램 3회
  : 청년층 취업지원서비스 제공: 특성화고, 대학생, 청년구직자, 장애인 대상
   진로취업상담, 자기소개서 클리닉, 면접컨설팅 진행
  : 사업 운영 보고서 작성: 프로그램 결과 보고서, 주간/월간 보고서 등
  : 기타 센터 운영 지원: 홍보물 제작, 유관기관 간담회 운영
- 주요성과: 총 50명 취업 성공, 공기업 및 대기업 10명 취업 성공
  (건강보험관리공단, 한국산업안전보건공단, 새마을금고, 그랜드조선호텔, 홈플러스)

2. OO대학일자리센터 컨설턴트 팀장

- 기간: 2020. 06. ~ 2022. 02. (1년 9개월)
- 역할: 대학일자리센터 프로그램 운영 총괄 및 컨설턴트 관리
- 주요업무
  : 채용지원프로그램 기획 및 운영: 온라인 채용박람회 기획 및 운영
  : 진로지도프로그램 기획 및 운영
  : 진로가이드북 기획 및 제작, 교직원역량강화워크숍 기획 및 운영
  : 청년고용정책체감도 사업 운영
  : 취업홍보서포터즈 운영, SNS 관리, 유관기관 연계 및 홍보
  : 대학일자리센터 예산 기안 및 정산 - 담당 프로그램 및 사업 예산 약 5천만원 규모
- 주요성과: 2020 대학일자리센터 평가 "우수" 달성

1. 데이터 분석 및 관리

- 온/오프라인 시장조사 및 매장 설문지 작성/분석
- 주요 경쟁사 온/오프라인 제품 가격 및 아이템 분석
- 매장 설문지 분석 통한 브랜딩 보완점 분석 및 차기 시즌 상품 구성 기획 지원
- 데이터 분석 및 보조 자료 작성
- 아이템별 판매율 분석 데이터 작성
- 기간별 판매 증감 그래프 작성

2. 서비스 제휴 연계 및 업체 관리

- 카테고리별 아이템 조사 및 업체 연락
- 서비스 업체 입점 제안 (제안서 작성 및 미팅)
- 업체들과 협력관계 유지 위한 커뮤니케이션 수행

Do it - 경력기술서 작성해보기

    당연히 이제 막 취업 준비를 시작한 경우라면 경력기술서에 쓸 내용이 없을 수 있다. 현재 처음 취업을 준비하는 상황이라면 아르바이트 경험을 활용하여 경력기술서 작성을 연습해보거나 채용공고를 토대로 '3년 후, 가상의 경력기술서'를 작성해보면 직장생활을 이해하는 데 도움이 될 수 있다.

2

3줄 썼는데 더는 못쓰겠어요

목적과 기본 작성 요령을 알고 시작하는 게 중요한 자기소개서

최근 한 취업포털사이트 조사 결과에 따르면 구직자의 88%가 자기소개서를 적기 이전에 일종에 '공포증'을 겪었다고 한다. 무엇을 적어야 할지 막막하고, 장문의 글을 적어본 경험이 많이 없어서 한 장의 글을 쓰는 일이 너무 어렵다고 한다. 이것은 남녀노소를 불문하고 현장에서 만났던 모든 구직자에게 적용되는 이야기이다. 간혹 글을 잘 적는다고 자부하는 중장년층의 경우, 글 쓰는 것 자체는 잘 하시지만 '직무적합성'과 '조직적합성'과는 관련 없이 장황하게 과거 경험들을 나열한다.

그렇기 때문에 자기소개서의 목적과 기본 작성 요령을 알고 작성을 시작하는 것은 매우 중요하다. 한 번만 잘 정리해놓으면 그 이후에는 얼마든지 원하는 기업과 채용 직무에 맞게 자기소개서를 수정하면 되기 때문에, 아래 내용을 참고하여 사전준비 작업을 진행한 다음 엑셀이나 한글 파일로 별도로 정리해둘 것을 추천한다.

자기소개서 작성 사전 준비 작업

자기소개서에서 강조되어야 할 3가지

1) 조직(기업)에 대한 이해와 적합도
: 지원하는 조직(기업)에 대해 잘 알고 있는가?

2) 직무에 대한 이해와 강점
: 지원하는 직무에서 필요한 역량은 알고 있는가?

3) 구체화된 경험이 담긴 나의 이야기
: 조직/직무와 관련된 나만의 경험이 있는가?

자기소개서 뼈대 구성하기

1) 교육, 자격, 경험, 경력과 주요 활동 작성하기
2) 1)에서 지원하는 직무에 적용할 수 있는 내용 선정하기
3) 2)를 통해 강조하고 싶은 강점의 키워드 도출하기

모든 경험/사례는 지원 직무에서 필요한 역량과 연결해서 선정하는 것이 중요함

(예시) 영양사 – 조리사들과의 소통 및 협업 능력 중요

→ 실제 갈등 극복 경험 제시

자기소개서 작성 실전 요령

   1. 자기소개서 작성 시, 첫 문장은 모든 문항을 압축할 수 있는 문장을 두괄식으로 작성한다.

> (예시) 병원에서 환자들을 위한 치료식을 만들며 전문성을 키웠던 경험이 있습니다.

   2. 모든 문장의 구성을 STAR기법을 활용하면 좋다.

STAR: Situation / Task / Action / Result

Situation(상황설명)
: OO때, OO을 하며 OO했던 경험이 있습니다.

(예시) 인턴 기간 중, OOO에서 건강검진 업무를 지원하며 공단검진에 대한 고객민원을 해결한 경험이 있습니다.

Task(과제, 역할) → 목표, 위기, 어려움 강조
: 저는 OO을 맡으며, OO하는 역할을 맡았습니다. OO을 해야 했습니다.

(예시) 프로젝트 진행을 위해서 OO제품을 설계하였는데 OO재료가 필요한 상황이었지만 OO재료의 수급 문제로 어려움을 겪었습니다.

Action(나만의 차별화된 행동) → 극복 방법, 노력, 강점/역량 발휘
: 제가 가진 OO능력을 발휘하여 OO한 방법으로 OO을 진행했습니다.

(예시) OO재료를 대체하기 위해 주변의 다양한 재료 수급 경로를 찾아보았습니다. 7군데 업체와 접촉하여 재료 수급을 논의한 끝에 OO재료를 구하여 OO의 방법으로 재료를 변형시켜 제작할 수 있었습니다.

Result(결과) → 정량적/정성적 결과, 의미부여, 배운 점
: 그 결과, OO의 성과를 낼 수 있었고, OO을 배울 수 있었습니다.

(예시) 그 결과, 저의 정중한 태도에 마음이 풀린 고객은 다음 검진 일자를 다시 잡고 방문하기로 하셨고, 해당 부서에 미리 전화를 드려서 상황을 전달 드렸습니다. 이러한 방식으로 업무기간 동안 10% 정도의 민원을 직접 해결할 수 있었고, 우수 인턴으로 평가받을 수 있었습니다.

3. 모든 문항의 마무리는 입사 후 해당 직무에서 어떤 도움이 될지 연결하는 것이 좋다.

(예시1) OO에서 OO했던 경험은 영양사로서 OO을 OO하게 수행하는데 도움이 될 것입니다.

(예시2) OO경험을 바탕으로 OO기업에서 OO부분의 성과를 내겠습니다.

4. 추상적이고, 일반적인 내용보다는 구체적인 내용 위주로 작성한다.

좋지 않은 예시

영양/조리 직무는 한 사람의 뛰어난 능력으로 성과를 도출할 수 없습니다. 조리사를 비롯한 각 부분의 담당자가 원활하게 협업해야 결과물이 나오는 만큼, 효과적인 의사소통과 원활한 협력 관계 구축을 위한 리더십이 필요합니다.

좋은 예시

영양/조리 직무는 각 부분의 담당자가 협업해야 좋은 결과물이 나오기 때문에 효과적인 의사소통과 협력 관계 구축이 필수적입니다. 실제로 OO에서 OO업무를 수행하며 협업을 이끈 경험이 있습니다.

Do it - STAR기법으로 문장 작성해보기

자기소개서에 들어갈 역량 부분을 STAR 기법으로 작성해보자

Situation 상황 설명	
Task 과제, 역할	
Action 나의 행동	
Result 결과	

3

| 성장과정 |

우울했던 우리 집안 이야기, 꼭 써야 하나요?

'단순 과거사'가 아닌 '강조하고 싶은 경험'을

많은 구직자들이 성장과정 항목에서 인사담당자가 어떤 부분을 확인하고 싶은지 잘 모르기 때문에 어떤 내용을 작성해야 할지 난감해한다. 4년제 대학 물리치료학과에 재학중인 '사람들의 몸과 마음을 치유해주는 물리치료사가 되는 것이 꿈인 어느 멋진 학생도 그랬다. 취업을 위해 자기소개서를 작성하는 중이라는 그는 "성장 과정에는 도대체 무얼 적어야 할까요?"라고 물었다. 중학교 때, 부모님이 이혼하고 가출한 이후, 검정고시에 합격하여 대학에 다니고 있는데 자소서에 우울했던 자신의 과거 이야기를 꼭 써야 할지 고민이라고 했다.

일단 '성장 과정' 문항이 문자 그대로 성장했던 과정을 알고 싶어서 작성하는 것이 아니라는 것을 알아둘 필요가 있다. 인사담당자는 '성장 과정'을 통해 입사 희망자가 해당 기업에 적합한 가치관을 가지고 있는지, 직무를 선택한 배경은 무엇인지, 성장과정에서의 실패 경험과 극복과정 또는 성공 경험과 노력 과정에 관해 알고 싶어 한다. 따라서 '성장 과정'에 서는 우울했던 유년시절 등 단순 과거사를 작성하는 것이 아니라, 강조하고 싶은 강조점을 정하고, 그에 맞는 경험을 작성해야 한다.

'성장 과정' 작성 방법 3가지

'성장 과정'은 몇 살까지의 경험을 작성해야 하는지 물어보는 사람들이 많다. 대체로 대학생 또는 20대 구직자라면 고등학교까지, 30대 이상의 구직자라면 대학 시절 경험까지 작성하는 것을 추천한다.

1. 가치관 중심 성장 과정 작성

작성하기 전에 기업이 추구하는 인재상, 가치관 등을 사전에 확인하여 이와 부합하는 자신의 가치관을 제시하는 것이 좋다. 인재상과 관련된 에피소드를 활용하여 강조하고 싶은 이미지를 보여줄 수 있다.

> 저는 'OO'이라는 가치관으로 OO한 삶을 살기 위해 노력했습니다. OO시절, OO을 하며 OO했던 경험을 통해 OO의 가치관을 갖게 되었습니다. (구체적 사례 제시) 이러한 가치관을 바탕으로 OO의 가치를 추구하는 OO기업에서 OO한 인재로 활약하고 싶습니다.

2. 직무선택 배경 중심 성장 과정 작성

지원하는 직무에 관심을 두게 된 계기를 성장 과정을 작성하며 드러낼 수 있다. 특히 디자인, 영상, PD, 트레이너 등 예체능 계열이나 항공승무원, 호텔리어, 바리스타 등 전문서비스 분야의 경우에는, 해당 직무에 관심을 두게 된 계기가 있을 가능성이 크므로 그러한 이야기를 풀어내는 것도 좋다. 추가로 직무 분야에서 역량을 쌓기 위해 어떠한 노력을 기울였는지를 작성하면 된다.

> 어릴 적부터 OO기관에서 OO으로 활동하며 OO직무에 대한 관심을 키웠습니다. OO활동은 주로 OO을 해야 했는데 평소에도 OO에 대한 흥미가 높았고, OO을 잘 해야 하는 과제였습니다. (구체적 사례) 그 이후로 전문성을 키우기 위해 중학교 때는 OO 분야에 도전하여 OO을 취득하였으며, OO에 대한 이해도를 높였습니다. 고등학교 때는 직접 OO을 맡으며 OO으로 활동하였습니다.

3. 역량 중심 성장 과정 작성

지원하는 직무에서 필요한 역량을 키워왔던 과정을 성장 과정에 제시할 수 있으나 '관련 경험' 등 다른 문항을 통해서도 역량을 제시할 수 있기에 추천하지는 않는다. 그래도 성장과정에서 힘들었던 일을 극복하는 과정이나 학창시절 경험 중에 역량을 발휘하여 좋은 성과를 냈던 경험이 있다면 잘 살려서 작성하면 된다.

> OO경험을 통해서 OO직무에 필요한 OO역량을 기를 수 있었습니다. 학창시절 OO을 하며, OO을 해결하였습니다. 그리고 OO의 경험을 통해 OO의 강점을 키울 수 있었습니다. 이러한 점이 OO사의 OO직무에 도움이 될 것이라고 생각합니다.

자기소개서 - '성장 과정' 항목 작성 Before / After

Before

저는 작은 동네에서 태어나 옆집, 앞집 사람들 할 것 없이 이웃이 가족인 거 같은 환경에서 자랐습니다. 그런 환경에서 자라면서 예의와 사회성을 자연스럽게 키웠고, 함께 돕고 살아가는 법을 알았습니다.

티 없는 환경에서 부족함 없이 지내던 저에게 아버지의 사업이 어려워지며 결국 그 일을 접게 되고 그 후 형편이 나빠지기 시작했습니다. 그러나 포기, 고민할 시간에 뭐라도 하는 게 낫다고 생각하시는 부모님께서는 항상 최선을 다하고 미래를 더 좋은 방향으로 나갈 수 있게 만드는 게 더 중요하다고 하셨습니다.

실제로 어려운 상황을 힘 합쳐 극복하고 저에게 좋은 모습만 보여주려고 노력하셨습니다. 그런 환경에서 저는 과거의 어려움을 바탕으로 이겨나가는 법을 배웠고, 힘들다고 포기하지 않고 최신을 나해야 한다는 것을 몸소 느꼈습니다.

After

<어려운 상황을 극복하는 끈기>
'최악의 상황에서도 포기하지 말자.'라는 가치관을 바탕으로 집안의 어려움을 극복했던 경험이 있습니다. 어릴 적, 주변 이웃들과 유대관계가 좋은 환경에서 자라면서 예의와 사회성을 자연스럽게 키웠고, 서로 돕고 살아가는 법을 배웠습니다.

그렇게 부족함 없이 지내던 저는 아버지의 사업이 어려워지며 집안 형편이 안 좋아졌고, 힘든 상황에 부닥치게 되었습니다. 그러나 부모님께서는 다양한 일에 도전하시며 포기하지 않고 더 좋은 방향으로 미래를 개척하고자 노력하셨습니다. 그렇게 노력하시는 부모님을 곁에서 보며, 힘든 상황이지만 모두가 힘을 합쳐 노력한다면 극복할 수 있다는 것을 깨달을 수 있었습니다.

학창시절, 준비하던 시험에 낙방하거나 진행하던 연구 프로젝트 결과가 예상대로 나오지 않는 등 수많은 어려움을 겪었습니다. 그러나 부모님을 통해 배운 끈기를 토대로 묵묵히 어려움을 감당하며 이겨낼 수 있었습니다. OO기업 연구원으로서 각종 난관에 부딪히더라도 그동안 길러왔던 끈기를 바탕으로 적극적으로 문제를 해결하고자 노력하겠습니다.

Do it - 성장 과정 작성해보기

위 작성 방법을 참고하여 실제로 성장 과정을 작성해보자.

4

| 성격의 장/단점 |

장점 한 줄, 단점 한 줄 썼는데
또 뭘 써야 하나요?

솔직한 게 늘 좋은 것은 아닌 성격 장단점 서술

자기소개서 컨설팅을 위해 특성화고에 방문한 날이었다. 학생들이 차례 차례 자신이 작성한 자기소개서를 출력하여 상담실로 찾아왔다. 그 중, 한 남학생의 자기소개서가 너무 인상적이었다.

성격의 장단점: 성격이 너무 좋다는 것이 장점입니다. 그래서 친구들이 저를 많이 따릅니다. 단점은 한 번씩 욱한다는 것입니다. 하지만 욱하더라도 최대한 참고, 밤에 오토바이를 타고 라이딩을 하며 스트레스를 풀고 있습니다.

그리고 남학생은 너무도 당당하게 이야기했다. "쌤, 저 진짜 잘 썼죠? 장점에는 장점에 대한 실제 경험을 쓰라고 해서 썼고, 단점은 극복 방법이나 사례 쓰라고 해서 썼어요." 성격의 장단점 작성 가이드에 맞게 작성하기는 했지만, 실제로 이런 내용을 본 인사담당자는 어떤 반응을 보일까?

성격의 장단점 작성 TIP

성격의 장단점 작성에서 강조해야 하는 것은 다음과 같다.

- 입사 이후 조직에 잘 융화될 수 있는 성격인지

- 지원 직무에서 필요한 성격적 특성을 가지고 있는지

- 자신의 단점을 잘 인지하고 있으며,
  그것을 극복하기 위한 노력/방안이 있는지

성격의 장점은 자신이 생각하는 장점과 그것을 발휘한 구체적인 경험/사례를 작성하면 된다. 하지만 상대적으로 성격의 단점을 작성하는 것이 생각보다 어렵다. 왜냐하면, 너무 치명적인 단점을 썼을 때 인사담당자에게 부정적인 인상을 남기기 때문이다.

예를 들면, 실게 단점을 있는 그대로 "게으른 편이다."라고 작성하거나 "다혈질이다."라고 작성한다면 같이 일하기 힘든 사람이라고 판단하여 서류전형에서 탈락할 확률이 높다. 하지만 반대로 "사교성이 좋아 관계를 지나치게 중시하는 편이다."처럼 장점과 같은 단점을 작성하면 자기 이해가 부족하거나 솔직함이 부족한 사람으로 보일 수 있다.

그러므로 단점은 있는 그대로 제시하되, 치명적이지 않은 보편적인 단점을 작성해야 한다. 종종 상담이나 강의에서 이렇게 말하면 "선생님, 말은 쉽지만, 너무 어려워요."라고 이야기하는 대표적인 부분이기는 하다. 그래서 단점을 잘 정하기 위해서는 MBTI 성격유형검사를 활용하는 것이 도움이 된다.

그리고 단점보다 더 중요한 것은 단점을 극복하기 위한 노력과 방법을 제시하는 것이다. 세상에 단점이 없는 사람은 아무도 없다. 따라서 단점 자체에 주목하기보다는 단점을 극복하기 위한 구체적인 방안을 제시하고, 실제로 단점을 극복하기 위해 노력했던 과정을 적으면 된다.

자기소개서 작성에 도움이 되는 MBTI

특별히 성격의 장단점의 경우에는 내용 작성보다는 성격을 표현하는 단어 선정을 어려워하는 경우가 많다 '성격의 장점'의 경우에는 아래 강점 표현 단어 중에 자신을 잘 나타내는 단어를 표시해보고, 그러한 강점을 발휘했던 사례를 보충해주면 훨씬 작성이 쉬워진다.

그러나 성격의 장단점에서 작성하기 더 어려운 것은 '단점' 부분이다. 자신의 단점을 있는 그대로 적기에도 모호하고, 그렇다고 단점이 아닌 장점을 적을 수도 없는 노릇이다. 그래서 자신의 단점을 '세련되게' 표현할 수 있는 능력이 필요하다.

성격 강점 단어	해당 성격 (V)	성격 강점 단어	해당 성격 (V)
활동적인		예의 바른	
정확한		유머러스한	
융통성있는		독립심이 강한	
대담한(모험심 강한)		부지런한	
상냥한		논리적인	
의욕적인		꼼꼼한	
기민한		절제하는	
관대한		겸손한	
협동심이 강한		낙천적인	
침착한		사교적인	
신중한		인내심이 강한	
자신 있는		합리적인	
양심적인		체계적인	
성실한		책임감이 강한	
독창적인		진지한	
호기심이 강한		자발적인	
믿음직한		안정된	
느긋한		동정심이 강한	
감수성이 풍부한		재치있는	
공정한(공평한)		강인한	
결단력 있는		눈치가 빠른	
솔직한		논리적인	

이럴 때 가장 잘 활용할 수 있는 것이 바로 MBTI이다. 자신의 MBTI 성격 유형의 특징 중에서 다소 '부족한 면, 보완할 점'을 확인해보자. 그러면 거기에 나와 있는 키워드나 설명 중에서 자신이 극복해본 경험이 있는 부분을 작성하면 된다.

MBTI 성격 유형별 보완할 점

번호	MBTI 유형	약점/보완할 점
1	ENFJ	· 지나치게 이상적이다. · 의사결정이 섣부르다. · 실제적인 갈등 해결이 어렵다. · 비판을 잘 수용하지 못한다.
2	INFJ	· 융통성이 부족하다. · 현실감각이 떨어진다. · 의사소통 방법이 복잡하다. · 관계에서의 갈등을 힘들어한다
3	ENFP	· 조직화하여 정리하는 것이 어렵다. · 끝까지 마무리하는 것이 힘들다. · 단순반복적인 업무를 싫어한다. · 통제적인 환경에서 견디는 것을 힘들어한다.
4	INFP	· 현실감각이 떨어진다. · 통제적인 환경에서 견디는 것을 힘들어한다. · 동기부여가 되지 않는 일에 집중을 잘 못한다.
5	ENTJ	· 상대방에 대한 배려가 다소 부족하다. · 지나치게 일 중심적이다. · 의사결정이 빨라 세부사항을 놓칠 수 있다. · 협업보다는 관리/감독을 좋아한다.
6	INTJ	· 독립적인 성향이 강하다. · 지나치게 경쟁적인 편이다. · 고립이 강하다. · 협업 과제를 힘들어한다.
7	ENTP	· 아이디어는 많지만, 끝까지 성취하지 못하는 편이다. · 세부사항을 놓치는 경우가 있다. · 단순반복적인 일을 힘들어한다. · 승부욕이 지나치게 강하다.

8	INTP	· 다소 비현실적이다. · 세부사항을 놓치는 경우가 있다. · 흥미가 떨어지면 끝까지 전념하지 않을 수 있다. · 다른 사람의 감정, 욕구에 무관심한 편이다.
9	ESTJ	· 비효율적인 것을 참지 못한다. · 절차나 규칙을 지나치게 중시한다. · 지나치게 현실적이다. · 상대방의 감정이나 욕구에 둔감한 편이다.
10	ISTJ	· 변화하는 것에 적응을 힘들어한다. · 융통성이 부족한 편이다. · 상대방의 감정과 욕구를 잘 이해하지 못한다. · 도전정신이 부족하다.
11	ESFJ	· 불편한 분위기에서 일하는 것을 힘들어한다. · 비판에 지나치게 민감하다. · 새로운 아이디어가 부족하다. · 규칙이나 세부사항을 지나치게 중시하는 편이다.
12	ISFJ	· 거절을 잘 못한다. · 지나치게 주목받는 것을 힘들어한다. · 변화에 적응하는 것을 힘들어한다. · 지나치게 현실적인 편이다.
13	ESTP	· 상대방의 감정이나 욕구에 둔감한 편이나. · 규칙이나 규제를 싫어한다. · 마감기한을 잘 맞추지 못한다. · 현실성이 떨어지는 일을 힘들어한다.
14	ISTP	· 의사소통하는 것이 어렵다. · 비효율적인 것을 싫어한다. · 상대방의 감정이나 욕구에 둔감한 편이다. · 다른 사람의 간섭이나 통제를 싫어한다.
15	ESFP	· 계획성이 부족하다. · 주위가 산만한 편이다. · 혼자 꾸준히 하는 것을 힘들어한다. · 관료적이거나 통제적인 분위기를 싫어한다.
16	ISFP	· 상대방의 의견을 맹목적으로 따르는 편이다. · 비판과 부정적인 피드백에 취약하다. · 남에게 싫은 소리를 잘 못한다. · 실제적인 도움이 되지 않는 단순/반복 업무를 힘들어한다.

자기소개서 – '성격의 장/단점' 항목 작성 Before / After

나의 게으름과 무능력으로 인해 남에게 피해를 주기 싫어하며 완벽주의적인 성격을 가졌습니다. 이러한 성격으로 인해 맡은 일에 대해서 완벽하게 하고 싶은 욕심이 있어 능동적으로 그 일에 관한 공부를 열심히 해서 일에 적용하고 응용하는 능력이 뛰어나며 타고난 꼼꼼한 성격으로 인해 완벽히 일을 해내는 성취감을 느끼는 것을 좋아합니다.

이런 능동적인 성격으로 인한 한가지 경험이 있다면 제가 아르바이트한 매장의 월 마감을 저의 업무가 아님에도 불구하고 책임감을 느끼고 저의 업무라고 생각하며 회계 관련 업무를 정확하고 꼼꼼하게 도와줘서 점장님께서 1년 무료 매장 이용권을 주실 만큼 저에게 큰 감사를 느꼈다고 하셨던 경험이 있습니다.

또한, 독단적인 결정보다는 협력을 중요시하는 성격을 가져 많은 아르바이트 경험과 수많은 고객을 대하는 은행에서 일하면서 큰 갈등 없이 항상 고객들과 같이 일을 하는 동료들에게 존중받으며 일을 해왔습니다.

단점은 어떤 일을 할 때 모든 것을 완벽하게 하고 싶어하는 성향이 있어서 작은 일에도 포기하지 못하고 해결하려고 하는 성향이 있는데 맡은 일에 대해서 해결하지 못했을 때 나에 대해서 자책을 많이 하는 성격을 가졌습니다.

하지만 회계 업무라는 것은 숫자 하나하나에 대한 정확성을 요구하는 것이므로 이러한 저의 성격이 이 업무에는 큰 장점으로 작용할 것 같습니다.

<꼼꼼함과 고객 서비스 마인드를 갖춘 완벽주의자>

저의 장점은 꼼꼼함과 사교성입니다. 꼼꼼한 성격 때문에 회계 업무 처리 과정에서 마지막 숫자가 딱 떨어졌을 때, 매우 성취감을 느낍니다.

OO매장에서 아르바이트를 할 때의 일입니다. 월 마감은 제 담당 업무가 아님에도 불구하고, 늦은 시각까지 정산을 하고 계시는 점장님을 도와드렸습니다. 계속해서 계산기를 두드리셔도 최종 정산 금액과 판매 금액이 일치하지 않아서 힘들어하셨고, 저는 꼼꼼하게 첫 매출 기록부터 하나하나 확인하며 정산을 도와드린 덕분에 퇴사할 때, 점장님께서 1년 무료 매장 이용권을 주실 만큼 고마워하셨던 경험이 있습니다.

또한, 고객 응대에서도 친절함과 서비스 정신을 보유하고 있습니다. OO매장, OO매장 등 서비스직 아르바이트를 통해 다양한 고객들에게 친절한 서비스를 제공하였고, 은행에서 일하면서도 방문하시는 어르신들이 너무 싹싹하게 일을 잘한다고 칭찬해주셨던 기억이 납니다. 회계 분야는 주로 서류와 전산을 다루는 일이지만 저의 고객 서비스 마인드는 고객사와의 관계에서 최대한 좋은 이미지를 형성하며, 협업하는 동료들과의 관계를 원활하게 만드는데 기여할 것입니다.

반면, 저의 단점은 모든 것을 완벽하게 해결하고 싶어 하는 성향입니다. 작은 일도 어떻게든 해결해보려고 노력하기 때문에 맡은 일을 해결하지 못했을 때, 저 자신에 대해서 자책을 많이 하는 편입니다. 이러한 성향을 극복하기 위해서 은행과 회계사무소에서 일하며 상사/동료들과 협업하는 능력을 키웠습니다.

또한 OO(요가, 산책 같은 것)를 취미로 두며, 최대한 여유 있는 마음가짐으로 업무를 대하려고 노력하고 있습니다.

Do it - 성격의 장/단점 작성해보기

위 작성 방법을 참고하여 실제로 성격의 장/단점을 작성해보자.

5

아무리 생각해도 저는 강점이 없어요

작은 강점도 강점이다. 자존감이 낮은 학생을 위한 극약처방

잘하는 것이 하나도 없어서 자기소개서 작성이 어렵다는 학생이 상담을 받으러 왔다. 어린 시절부터 평범하게 학교를 다녔고, 친구들 사이에서도 조용하게 지내면서 학창시절을 보냈고, 부모님에게도 선생님에게도 특별한 칭찬이나 인정 없이 지내왔다고 했다.

"저는 공부도 보통이고, 성격도 소심하고, 집안 형편도 어렵고, 외모도 별로고... 음... 진짜 답이 없어요. 그래도 취업은 해야 고생하는 엄마한테 도움이 될 것 같아서..."

이럴 때 우리가 집중해야 하는 것은 '남이 아닌 나 자신의 강점'이다. '다른 사람과 비교해서 잘하는 것'이 아닌, '내가 할 수 있는 여러 가지 중에서 제일 잘하는 것'이 바로 내 '강점'인 것이다. 그래서 학생에게 어린 시절부터 지금까지 작더라도 성취했던 경험을 하나씩 떠올려보게 하였다. 초등학교 시절, 인사를 잘해서 이웃 어른들에게 칭찬받았던 이야기, 중학교 국어 시간에 시를 썼는데 선생님께 칭찬을 받아서 친구들 앞에서 낭송했던 이야기, 고등학교 미술 시간에 만든 포스터로 수행평가 A를 받았던 이야기 등등.

이러한 강점들을 끌어낸 후 직무와 연결할 수 있는 강점을 골라 제시하게 했다. 그 뒤에 자기소개서를 채우면서 학생은 자존감 또한 높일 수 있었다. 세상에 그 어떤 누구라도 작은 강점 하나씩은 분명히 가지고 있다는 점을 기억하자.

핵심은 직무 관련 강점이다!

작은 성취 경험들을 '직무상 강점'에 모두 작성하면 되는 것일까? 그것은 아니다. '강점'도 중요하지만 핵심은 '직무'이기 때문이다. 예를 들면, 회계 직무에 지원하는 구직자가 '창의적이고 다양한 아이디어'를 발휘했던 경험을 강점으로 제시하면 큰 도움이 되지 않는다. 오히려 '정확하게 업무를 처리하여 능력을 인정받은 경험'이나 '체계적으로 맡은 일을 수행하여 효율적으로 업무를 마무리한 경험'을 쓰는 것이 훨씬 직무와의 연관성이 높은 것이다. 아래 표에 나와 있는 직무별로 필요한 직무 역량이나 강점을 살펴보고, 그 내용을 토대로 본인이 그 강점을 키우거나 실제로 발휘했던 경험을 찾아보면 도움이 된다.

인문/상경/디자인 계열 직무별 주요 특징

1 **기획**	주요업무	· 전략기획, 경영관리, 경영정보 분석
	흥미	· 관리, 연구/분석, 계산하기
	필요역량	· 경영, 경제, 재무, 회계 지식, 기획력, 프레젠테이션 능력 · 언어능력(글쓰기, 말하기), 창의력, 수리능력, 대인관계능력
	성격	· 분석적, 창의적, 설득력, 적극성
	가치	· 명예/인정, 성취/업적, 자율성
2 **총무/구매**	주요업무	· 주요업무: 자산(부동산, 차량, 비품 등)관리, 문서관리, 사내 행사 · 주요업무(구매): 원자재 구매, 협상, 자재 관리
	흥미	· 관리, 문서 정리 분류, 설득/판매
	필요역량	· 부동산, 보험, 법률 지식 / 원가, 무역, 회계 관련 지식 · 해당 제품에 대한 전문 지식 / 어학 능력 · 언어능력(글쓰기, 말하기), 수리능력, 대인관계능력
	성격	· 협업, 책임감, 협상력, 외향적
	가치	· 안정성, 명예/인정, 워라밸
3 **재무/회계**	주요업무	· 자금 관리, 회계 관리, 세무 관리
	흥미	· 계산하기, 문서 정리 분류
	필요역량	· 재무, 회계, 금융 관련 법규 지식, 수리능력, 컴퓨터활용능력
	성격	· 세심함, 꼼꼼함, 정확성, 책임감, 내향적, 이성적
	가치	· 워라밸, 안정성
4 **일반행정**	주요업무	· 서류 작성, 민원 응대
	흥미	· 문서 정리 분류, 관리, 서비스(사람 상대)
	필요 역량	· 언어능력(글쓰기), 컴퓨터활용능력, 대인관계능력
	성격	· (약간의) 외향성, 꼼꼼함, 정확성, 책임감
	가치	· 안정성, 워라밸, 명예/인정

5 마케팅/MD	주요업무	· 마케팅: 온오프라인 홍보 기획, 홍보물 제작, 행사 기획, 브랜드 관리 · MD: 상품 개발 및 기획 (상품 계획, 타깃 고객 선정, 콘셉트 확정, 　물류관리, 고객관리)
	흥미	· 설득/판매, 디자인(꾸미기), 연구/분석
	필요역량	· 홍보 및 방송, 심리학 관련 지식 · 디자인 감각(특히 VMD) · 프레젠테이션 능력 · 언어능력(말하기, 글쓰기), 공간지각력, 창의력, 컴퓨터활용능력, 　미술능력
	성격	· 창의적, 표현력, 문장력, 모험성, 분석적, 조직적응력, 외향적
	가치	· 성취/업적, 재미(관계), 자율성, 워라밸 비선호
6 물류관리	주요업무	· 수송 관련 조율, 각종 서류(BL 등) 작성, 재고 및 장비 관리
	흥미	· 관리, 설득/판매, 서비스(사람 상대)
	필요역량	· SCM 관련 자격증(물류관리사 등) · 물류관리, 화물운송, 보관관리 관련 지식 · 언어능력(말하기), 공간지각력, 컴퓨터활용능력, 대인관계능력
	성격	· 신속함, 멀티태스킹 가능(변화수용력), 강한 멘탈, (극)외향적
	가치	· 명예/인정, 재미(업무 자체), 워라밸 비선호
7 인사/교육	주요업무	· 인사관리(채용, 배치, 평가), 노사관리, 교육
	흥미	· 가르치기, 관리, 서비스(사람 상대)
	필요역량	· 조직론, 심리학, 노사관련 법규 지식 · 기획력, 프레젠테이션 능력 · 언어능력(말하기, 글쓰기), 컴퓨터활용능력, 대인관계능력
	성격	· 사회성, 설득력, 공정성, 친절함, 외향적
	가치	· 명예/인정, 사회봉사(사회적 기여), 성취/업적

8 영업	주요업무	· 영업: 유통영업(대리점 개설 및 유통망 관리), 직판영업(신규 시장 개척, 수금 및 채권 관리) · 영업관리/지원: 실적 관리, 고객 및 매출 관리, 물류관리, 영업 사원 관리 및 필요 서류 지원
	흥미	· 설득/판매, 서비스(사람 상대), 연구/분석
	필요역량	· 마케팅, 심리학, 유통 관련 지식 · 프레젠테이션 능력(문서 작성 및 발표) · 언어능력(말하기, 글쓰기), 창의력, 수리능력, 신체운동능력, 대인관계능력
	성격	· 분석력, 사회성, 협조성, 도전정신, 계획적, 외향적
	가치	· 성취/업적, 자율성, 재미(업무 자체) 워라밸 비선호
9 디자인	주요업무	· 제품, 출판, 웹페이지, 영상 등 디자인
	흥미	· 디자인(꾸미기), 연구/분석, 서비스(사람 상대)
	필요역량	· 공간지각력, 창의력, 컴퓨터활용능력, 미술능력
	성격	· 창의적, 분석적, 꼼꼼함
	가치	· 성취/업적, 재미(업무자체), 자율성, 워라밸 비선호
10 사회복지/ 상담	주요업무	· 상담, 교육, 프로그램 기획 및 운영, 행정 업무
	흥미	· 가르치기, 관리, 문서 정리 분류
	필요역량	· 언어능력(말하기,글쓰기), 컴퓨터활용능력, 대인관계능력
	성격	· 외향적, 친절함, 분석적
	가치	· 사회적 기여, 명예/인정, *사회복지: 관계 지향 / 상담: 자율성
11 서비스 관리	주요업무	· 주요업무: 고객 관리, 매장 관리, 직원 관리, 상담
	흥미	· 서비스(사람 상대), 설득/판매, 관리
	필요역량	· 멀티태스킹 · 언어능력(말하기), 신체운동능력, 대인관계능력, 컴퓨터활용능력
	성격	· 공감적, 유연성, 사교성, 외향적
	가치	· 재미(관계), 재미(업무 자체)

자연/공학/보건 계열 직무별 주요 특징

1 IT 분야 개발 및 운영	주요업무	· 시스템 개발, 시스템 운영, 네트워크/보안
	흥미	· 연구/분석, 설계, 계산하기
	필요역량	· 컴퓨터, 외국어, 개발 분야 지식 · 창의력, 수리능력, 컴퓨터활용능력, 언어능력(말하기)
	성격	· 창의적, 집중력, 분석력, 협조적
	가치	· 성취/업적, 자율성(근무환경), 재미(업무 자체), 워라밸 비선호
2 설계/ 하드웨어 개발	주요업무	· 장비 설계, 현장 방문(작업 현장 확인)
	흥미	· 연구/분석, 설계, 조립/기계조작
	필요역량	· CAD나 3D S/W 프로그램 작동 능력 · 공간지각력, 창의력, 수리능력, 컴퓨터활용능력, 손재주
	성격	· 꼼꼼함, 분석적, 내향적, 이성적
	가치	· 성취/업적, 자율성(근무환경), 재미(업무 자체), 워라밸 비선호
3 엔지니어 (건축/전기/ 기계)	주요업무	· 장비 보수, 장비 개선/개발
	흥미	· 조립/기계조작, 연구/분석, 서비스(사람 상대)
	필요역량	· 공간지각력, 수리능력, 신체운동능력, 손재주
	성격	· 협업력, 집중력, 분석력, 꼼꼼함
	가치	· 성취/업적, 재미(업무 자체), 워라밸
4 생산관리	주요업무	· 생산계획 수립, 공정 관리, 시설 관리, 인력 관리
	흥미	· 조립/기계조작, 연구/분석, 관리(리더)
	필요역량	· 제조공정 이해, 회계 및 통계 지식, 제품 대한 전문 지식 · 언어능력(말하기), 수리능력, 컴퓨터활용능력, 대인관계능력
	성격	· 분석적, 계산적, 협력성, 추진력
	가치	· 명예/인정, 재미(업무 자체)

5 품질관리	주요업무	· 품질정책 수립, 품질관리, 품질개선
	흥미	· 조립/기계 조작, 연구/분석, 설계, 관리(리더)
	필요역량	· 제품 대한 전문 지식, 품질 인증 제도 · 공간지각력, 창의력, 수리능력, 손재주
	성격	· 분석적, 창의적, 협력성
	가치	· 성취/업적, 재미(업무 자체), 명예/인정
6 안전관리 (환경/안전/ 소방/보건)	주요업무	· 근무지 내 환경 및 안전 감독, 관련 문제 발생 시 해결
	흥미	· 조립/기계조작, 가르치기, 관리(리더)
	필요역량	· 문제해결능력, 공간지각력, 신체운동능력, 컴퓨터활용능력, 대인관계능력, 손재주
	성격	· 안정적, 객관성, 꼼꼼함, 책임감
	가치	· 명예/인정, 워라밸
7 연구직	주요업무	· 연구기획, 연구개발, 연구관리
	흥미	· 연구/분석, 설계, 계산하기, 문서 정리/분류
	필요역량	· 관련 분야 전공 지식, 외국어 · 언어능력(글쓰기), 창의력, 수리능력, 컴퓨터활용능력, 손재주
	성격	· 창의력, 분석력, 기획력, 집중력
	가치	· 성취/업적, 재미(업무 자체), 명예/인정, 워라밸 비선호
8 보건직 (간호/ 치위생/ 물리치료)	주요업무	· 환자 처치 및 환자 응대
	흥미	· 서비스(사람 상대), 문서 정리/분류, 조립/기계 조작
	필요역량	· 언어능력(말하기), 신체운동능력, 대인관계능력, 손재주
	성격	· 외향적, 친절함, 낙천적, 협력적
	가치	· 사회봉사(사회적 기여), 명예/인정, 재미(관계)

자기소개서 - '직무 관련 강점' 항목 작성 Before / After

공정관리는 결함을 찾아내고 원인을 밝혀내는 것이 핵심입니다. 전혀 예상치 못한 부분이라도 문제가 발생할 수 있다는 유연한 사고를 가졌습니다.

화공열역학이라는 과목을 들으며 부전공에서 먼저 들었던 공업열역학과 다른 설명에 혼란이 생긴 적 있습니다. 화공열역학에서 에너지 보존법칙은 U=Q+W로, 공업열역학에서는 U=Q-W로 표기했기 때문입니다. 어느 하나가 잘못되었다고 단정 짓기보다는 왜 차이가 나는 것일까, 무의식중 이전 학과에서 배운 방식으로 문제 풀이를 했을 때도 어떻게 정답이 나왔을까 자문해보았습니다. 수업 내용과 필기를 종합해보니 화공열역학에서는 기계가 일(W)을 받으면 시스템 입장에서 "받는" 것이므로 +가 되고 공업 열역학에서는 기계에 일을 "주는" 것이므로 -로 표기함을 알게 되었습니다. 또한, 관점이 다르더라도 상황에 따라 일의 값이 -가 되어 -(-W)=+W로 해결할 수 있음을 확인했습니다.

예상치 못한 부분일수록 문제인지 인식하는 자체가 어려울 수 있기 때문에 실제 분석 능력과 경험을 쌓는 것이 중요하다 생각했고 연구실 인턴을 하게 되었습니다. NMR 분석, 이온전도도 측정, UTM(인장강도시험기), 밀도 측정을 이용한 분석 기기들을 다뤄보았고 NMR 그래프에서 물질에 따라 분석하는 방법이 완전히 달라질 수 있다는 점을 경험하였습니다.

<유연한 사고 방식에 분석 능력을 더하다>

공정관리 직무는 공정 과정에서의 결함을 찾아내고 원인을 밝혀내는 것이 가장 중요하다고 생각합니다. 그 과정에서 발생하는 예상치 못한 문제에 대처하기 위해 유연한 사고방식을 키우고자 노력해왔습니다.

화공열역학 과목을 수강하며 화공열역학에서는 에너지 보존법칙을 $U=Q+W$로 표기하지만, 공업열역학에서는 $U=Q-W$로 표기하여 혼란스러웠던 적이 있었습니다. 어느 하나가 잘못되었다고 단정짓기보다는 그 이유에 대해 열린 사고를 하며 수업 내용과 필기를 종합해보았습니다. 화공열역학에서는 기계가 일을 받으면 시스템 입장에서 받는 것이므로 +가 되고, 공업열역학에서는 기계에 일을 주는 것이므로 -로 표기함을 깨달으며 유연한 사고의 중요성을 실감했습니다.

이후 정확한 문제 인식을 위한 실제 분석 능력과 경험을 쌓기 위해 연구실 인턴에 지원하였습니다. NMR 분석, 이온전도도 측정, UTM, 밀도 측정을 이용한 분석 기기들을 다루어보았고, NMR 그래프에서 물질에 따라 분석 방법이 완전히 달라지는 점도 배울 수 있었습니다.

이렇게 향상시킨 유연한 사고 능력과 분석 능력을 통해 생산 공정의 결함을 조기에 찾아내고, 문제를 해결하겠습니다.

Do it – 성취 경험 나열하고, 직무 연관성 확인하기

'직무별 주요 특징표'에서 본인이 희망하거나 희망하는 직무와 유사한 직무에서 어떤 역량을 요구하는지 파악한 다음 아래 표를 작성해보자.

희망 직무	
요구하는 강점/역량	
성취 경험	

경험 제목	경험 내용	도출 강점/역량

Do it – 직무상 강점 작성해보기

위 작성 방법을 참고하여 실제로 직무상 강점을 작성해보자.

6

신입으로 지원하는데 관련 경험이 당연히 없죠

신입지원에 경험을 적으라는 요구에 "우롱이 아니냐" 되묻는 복희씨

"이번에 시청에서 북한이탈주민 우대 조건으로 사무원 구한다고 자기소개서를 써서 내라고 하던데 어째 써야 할까요?" 5년 전 탈북하여 대한민국에 정착한 복희씨는 40대 초반의 사무직 취업 희망 여성으로 2년제 사이버대학 수강을 통해 사회복지학과 대학 졸업장도 보유하고 있었다.

대한민국에 정착한 지 불과 5년 만에 대학도 졸업하고, 여러 아르바이트를 하며 남한 사회에 적응했지만, 자기소개서를 작성하는 것은 여간 어려운 일이 아니었다. 특히 관련 경험이나 경력 사항을 작성하는 것부터 막막했다. 북한이나 중국에서의 경험은 사무직과 관련이 멀었고 복희씨는 이왕이면 사무직 관련 경험을 적고 싶었다. 하지만 아무리 생각해도 사무직 관련 경험이 없어서 머리가 아팠던 복희씨는 갑자기 화를 내며 말했다. "선생님, 신입으로 지원 가능하다고 해놓고, 관련 경험을 적으라는 질문을 넣으면 너무 우릴 우롱하는 것 아닙네까."

'관련 경험' 항목에 들어가야 하는 내용

일반적으로 관련 경험 문항에는 고등학교나 대학교에서 경험했던 공모전, 프로젝트 등의 대외활동 경험, 실습이나 인턴 경험, 리더의 역할을 맡았던 경험을 작성한다. 아니면 학교활동 이외에 직무에서 필요한 역량을 익혔던 아르바이트나 근로장학생 등의 경험을 작성하기도 한다.

그러나 대한민국에 갓 정착한 북한이탈주민 뿐만 아니라 많은 대학생이나 고등학생도 열심히 수업을 듣고 공부한 것 말고는 특별히 한 것이 없는데, 관련 경험을 작성하라고 하면 무엇을 적어야 하는지 난감해한다. 졸업 이후 바로 취업을 생각하는 특성화고 학생들도 아르바이트 경험이 없는 경우, 학교에서 했던 몇 가지 활동 말고는 어필할 만한 경험이 없다고 답답함을 토로한다.

'관련 경험'을 문자 그대로 '직무와 직접적으로 연관 있는 경험'이라고 생각하면 정말 그 문항은 텅 비워서 제출해야 하는 상황이 발생할지도 모른다. 직접적인 연관은 없더라도 나의 경험 중에서 지원 직무에서 요구하는 역량이 드러난 경험을 작성하면 된다.

예를 들면, 서비스 분야에 지원하는 학생인데 실제 서비스직에서 일해 본 경험은 없다고 가정하자. 그러한 경우라면 서비스 분야에서 요구하는 '대인관계능력'이나 '의사소통능력', 또는 '문제해결능력'을 발휘했던 경험을 제시함으로써 본인의 역량을 나타낼 수 있다. 예를 들어, 학급 리더로서 적응하지 못하는 친구에게 먼저 다가가 도움을 주었거나 동아리에서 중재자 역할을 하며 동아리원들과 효과적으로 소통하며 문제를 해결했거나, 프로젝트 과정에서 발생한 조원들 간의 갈등을 자신만의 방법으로 해결해본 경험 등을 쓰는 것이 가능하다.

그렇기 때문에 수차례 강조하지만 미리 자기소개서에 작성할 만한 경험들을 잘 정리해둔다면 훨씬 수월하게 자기소개서 작성이 가능하다.

자기소개서 - '관련 경험' 항목 작성 Before / After

Before

호텔 관련 경험은 실습을 나갔던 것을 제외하고는 특별히 호텔에서 아르바이트를 하거나 일을 배운 적은 없습니다. 그렇지만 호텔 관련 수업을 적극적으로 참여했고, 수업에서 배운 내용을 열심히 복습했습니다.

백화점에서 아르바이트를 하며 많은 고객을 만난 경험이 있습니다. 진상 고객이 한 번씩 찾아왔지만 잘 대처하여 칭찬을 받기도 하였습니다. 그 이외에도 음식점이나 카페에서 방학때마다 아르바이트를 했기 때문에 고객을 잘 상대할 수 있습니다.

<OO백화점에서 고객 응대 능력을 키우고, OO호텔에서 전반적인 호텔 업무를 익히다>

저는 OO백화점 고객서비스센터에서 3개월간 일한 적이 있습니다. 환불, 상품권 이용, 편의시설 이용 등의 방법을 안내하는 역할이었습니다. 안내원으로 일하던 도중 한 남성분이 씩씩거리며 고객서비스센터를 찾은 적이 있습니다. 분명 사용 가능한 상품권이라고 확인하고 매장에서 물품을 구매하려는데 매장 직원분이 사용할 수 없는 상품권이라고 말했다는 것입니다. 우선 VIP실로 그분을 모시고, 시원한 물을 드렸습니다. 그리고 얼마나 당황하셨을지 공감해드리고, 상품권을 조회해보겠다고 하였습니다. 본사에 확인 결과, 상품권 등록 절차를 거치지 않아서 사용이 불가능한 것으로 확인이 되었고, 상품권 등록 방법을 차근차근 알려드렸습니다. 그러한 노력 덕분에 고객님은 상품권으로 물품을 구매할 수 있게 되었습니다. 이러한 고객 응대 경험은 OO호텔에서 맞이하는 다양한 고객들을 상대하는데 큰 도움이 될 것입니다.

대학교 4학년 때는 OO호텔에서 실습생으로 근무한 적이 있습니다. 객실파트와 식음파트에 각각 2개월씩 근무하며 전반적인 호텔의 운영 방식과 업무 프로세스를 익힐 수 있었습니다. 그리고 각 파트의 선배님들의 조언을 귀담아 듣고, 메모하며 근무 상황에서 발생할 수 있는 문제 상황들을 숙지하고, 대응 방법을 배울 수 있었습니다.

Do it - 경험리스트 정리하기

지금까지의 경험들을 키워드 중심으로 나열해보고, 그 중 내가 지원하는 분야에서 요구하는 역량을 발휘했던 경험을 2~3가지 정도 선정하여 작성하는 것이 가장 효과적이다.

	주요 사건	당시 느낀 점/문제상황
중학생		
고등학생		
대학생 (학교생활)		
대학생 (외부활동)		
직장 경험 1 (알바 포함)		
직장 경험 2 (알바 포함)		

극복/해결 방법	배운 점/구체적 성과	도출 역량

Do it – 관련 경험 작성해보기

위 작성 방법을 참고하여 실제로 관련 경험을 작성해보자.

7

| 지원동기 및 입사 후 포부 |

돈 벌려고 지원했는데 그렇게 쓸 수는 없잖아요

기업 분석으로 취업에 성공한 미나 학생

대학일자리센터에 상담을 받으러 온 미나 학생이 이런 말을 하였다. "쌤, 자기소개서 쓸 때요, 저 솔직히 여기 가고 싶어서 지원하는 건 아니거든요, 취업은 해야 하니까 지원하는 건데 지원동기에 뭐라고 써야 해요? 그리고 입사 후 포부도 '성실하게 일하고, 최선을 다하겠다.'라고 쓰긴 했는데 그것 말고는 뭐라고 써야 할까요?"

그래서 미나 학생에게 기업분석을 통해 '지원동기 및 입사 후 포부' 작성하는 방법을 알려주었다. 먼저 기업 홈페이지와 관련 인터넷 기사를 바탕으로 그 회사가 주로 어떤 제품을 생산/판매하는지, 어떠한 비전과 목표를 가졌는지 자료를 정리하게 하였다. 정리한 내용을 미나 학생이 가진 역량이나 과거 경험과 연관시켜, 입사 후 어떤 성과를 내고 싶어서 지원했고 이를 위해 구체적으로 어떠한 노력을 할 것인지에 관해 쓸 수 있도록 방법을 알려주었다.

조금만 정성을 들여 기업 분석을 했을 뿐인데도 미나 학생은 면접 때, "차별화된 자소서를 보고 좋은 인상을 받았다."라는 긍정적인 피드백을 받았고 최종 면접까지 통과하여 지금도 열심히 직장생활을 하고 있다.

역지사지의 자세

사람을 채용하는 기업의 입장에서 생각해보자. 일반적으로 구직자들이 입사지원하는 과정을 보면 먼저 어떤 기업에도 지원할 수 있는 '범용 자기소개서'를 만들어서 채용사이트에 등록한 다음, 괜찮아 보이는 기업 이곳저곳에 제출한다.

하지만 이러한 과정을 연애로 비유하자면 '나는 요즘 외로워서 누구든 상관없으니까 그냥 연애만 하면 좋겠어.'라고 말하는 것과 같다. 고백받는 사람은 진정성과 구체성 없이 덮어놓고 일단 연애를 해보자고만 하니 호감이 잘 생기지 않는다. 진심과 구체성이 담긴 고백 이유^{지원동기}와 구체적으로 어떻게 사랑을 키워나갈지^{입사 후 포부}를 설득력 있게 제시해야 그 고백을 받아들일지 말지 결정할 수 있기 때문이다.

구직자들과 동행면접을 가게 되면 많은 인사담당자가 이런 질문을 한다. "우리 회사는 뭐하는 회사인지 알고 왔나요?" 그만큼 많은 구직자가 그 기업에 지원해야 하는 뚜렷한 이유를 제시하지 못한 채, 일반적이거나 두루뭉술한 지원동기를 작성한다는 것이다. 또한, 입사 후 포부도 구체적으로 현재 회사 상황과 근무하게 될 직무를 고려하여 작성하기보다는 일반적이고, 추상적인 각오만을 적는다.

인사담당자의 입장에서는 정말 우리 회사에서 일하고 싶어서 들어오는 것인지, 정말 우리 회사 입사 이후에 성과를 낼 수 있을 것인지 의구심이 생긴다. 그렇기에 인사담당자가 '정말 우리 회사에 대해 공부를 많이 했구나', '우리 회사의 비전이나 목표에 맞춰서 지원 직무에서 어떤 일을 해야 하는지 알고 있구나'라고 생각할 수 있도록 자기소개서와 면접 답변을 준비해야 한다.

그래서 기업분석을 토대로 지원동기 및 입사 후 분석 문항을 작성하는 것이 중요하다. 기업분석을 넘어서 지원하는 기업이 속한 업종의 주요 특징과 최신 경향까지 분석하여 녹여낸다면 인사담당자의 호감을 끌어낼 수 있다. 업종 및 기업분석을 하는 방법은 아래와 같다.

1. 업종 분석
   : 네이버 금융 > 리서치 > 산업분석 리포트/경제분석 리포트
   → PEST분석 방법을 활용한다.
   Policy 정책,법규적 측면 / Economy 경제적 측면
   Society 사회문화적 측면 / Technology 기술적 측면

2. 기업 분석
   1) 금융감독원 공시시스템 DART (http://dart.fss.or.kr)
   2) 중소기업 현황 정보시스템 (http://sminfo.mss.go.kr)

이러한 정보를 활용하여 지원하려는 업종과 기업에 대한 현황과 정보를 최대한 분석한 다음, 지원동기에서 그러한 내용을 반영하거나 입사 후 포부에서 업무에 기여할 수 있는 부분을 작성하는 것이 좋다.

지원동기 및 입사 후 포부 작성 꿀팁

1. [기업 지원동기] 산업과 직무에 대한 명확한 이유가 있어야 한다.

2. [직무 지원동기] 현재 회사가 고민하는 것을 건드리면 유리하다.

　　　　예: 높은 불량률 문제를 해결하기 위해

3. [입사 후 포부] 산업에 대한 이해를 토대로 살짝 비틀어서

　　　새로운 시각을 제시하자!

이러한 원칙을 바탕으로 조금 더 구체적인 작성 방법을 알아보자.

[기업 지원동기] 왜 지원회사를 선택했는가?

기업을 분석한 자료를 토대로 지원회사에서 내가 기여할 수 있는 부분을 지원동기로 작성하는 것이 좋다. 이 과정에서 회사에 관한 관심이 얼마나 있는지, 시장 및 업계 현황 등 회사에 대한 이해도가 얼마나 높은지 등을 강조할 필요가 있다.

> OO기업은 OO의 부분에서 OO한 방법으로 성장하고 있습니다. OO기업만의 OO을 저의 OO을 통해 더욱 성장시키는데 기여하고 싶어서 지원하게 되었습니다.

[직무 지원동기] 왜 해당 직무를 선택했는가?

지원하는 직무에서 나의 특성/강점이 적합한 이유를 제시하는 것이다. 거기에 지금까지 해당 직무를 잘 수행하기 위해 어떤 노력을 하였는지 구체적으로 작성하면 좋다. 이를 통해 "나는 그 누구보다 해당 직무를 잘 수행할 수 있는 지식, 경험, 역량을 갖추고 있다."를 강조하는 것이 중요하다.

OO에서 OO을 성공/완성하는 데 기여하고 싶어 지원하였습니다. OO직무는 OO이 가장 중요하다고 생각합니다. 저는 OO에서 OO을 경험하며 OO역량을 통해 OO을 했습니다. 또한 OO에서 OO의 어려움을 OO의 강점으로 해결했습니다. 저의 OO역량/강점을 바탕으로 OO의 OO직무를 성공/완성하는 데 기여하겠습니다.

[입사 후 포부] 입사 이후 어떻게 회사에 기여할 것인가?

입사 후 포부에서는 지원하는 직무 분야에 대한 이해도와 경력개발과정을 알고 있는지 확인하고자 하는 목적이 크다. 입사 이후 어떤 직무를 수행하는지 구체적으로 알고 있는지, 지원하는 직무 분야에서 해결해야 하는 미션이 무엇인지를 파악했는지 등을 알고 싶은 것이다. 그래서 아래 내용을 넣어서 입사 후 포부를 작성하면 쉽게 내용을 작성할 수 있다.

지원 직무에서 어떤 업적/성과를 낼 수 있을지 구체적, 수치화된 것이면 더욱 좋음
입사 이후 어떠한 태도로 업무에 임할 것인지 업무상 특징이 반영되면 좋음
실제 업무 분야에서의 실행 계획 단기, 중기, 장기로 구분하면 좋음
입사 이후 직무 능력 향상을 위한 자기계발 계획 커리어 개발 경로를 미리 알고 반영하면 좋음

OO의 문제를 OO의 방법으로 해결해보고 싶습니다. / OO방식을 **방식으로 변경하여 매출 향상에 기여하겠습니다. / OO의 생산량/불량률을 OO%까지 늘리고/낮추고, OO수준까지 기여하고 싶습니다. / 저의 최종 목표는 OO입니다. 그래서 OO의 과정을 통해….

자기소개서 - '지원동기 및 입사 후 포부' 항목 작성 Before / After

㈜OO은 끊임없이 노력하는 회사라고 생각합니다. 그래서 향후 성장가능성이 매우 크다고 생각하여 지원하게 되었습니다. 같은 상황, 같은 조건인데 성공했다면 노력의 차이라고 생각합니다. ㈜OO은 더 나은 세상을 만들겠다는 비전을 바탕으로 지금도 계속 성장하고 있습니다.

저 또한 ㈜OO기업에 걸맞는 사람이 되기 위해 꾸준히 노력하는 사람이 될 것입니다. 일을 즐기며 더 큰 열정으로 기대하는 성과를 이룰 수 있을 것이라는 확신을 가지고 있습니다. 부지런히 배워 제 것으로 만든 후 정확하고 신속하게 업무 처리를 할 것이며 긍정적인 영향을 주기 위해 애쓸 것입니다.

(주)OO와 함께 성장과 보람을 창출하고 싶습니다.

㈜OO은 뛰어난 기술력을 바탕으로 장애인들이 살기 편리한 세상을 만들기 위해 다양한 사업을 진행하는 기업입니다. 제가 법학을 전공했던 이유 또한 법에 대한 전문성을 통해 사람들을 이롭게 해주고 싶었기 때문이었습니다. 전문적인 기술을 바탕으로 지역 사회와 연계하여 다양한 사업을 수행하는 ㈜OO에서 일하며 보람을 느끼고 싶어서 지원하게 되었습니다.

특히 ㈜OO은 기업가치가 숫자화 된 최근 3년 동안 영업비용 비중이 87% → 84% → 81%로 줄어들고 있고, 가장 중요한 매출액 또한 증가 추세를 보이며, 영업이익률이 약 4% 가량 상승하며 성장하고 있었습니다. 이러한 이유로 저는 ㈜OO이 앞으로도 더 성장하며 선한 영향력을 미칠 수 있을 것으로 판단하여 함께 성장하는 파트너가 되고 싶습니다.

저는 법학을 전공하여 기술적인 부분을 다룰 수는 없지만, 기술과 관련된 다양한 법적인 문제들을 검토하고, 컴퓨터 활용능력과 섬세함을 토대로 관련 문서들을 잘 작성합니다. 이러한 역량을 바탕으로 ㈜OO의 성장에 기여하고 싶습니다. 또한, 다년간의 서비스직 아르바이트를 통해 다져진 고객 응대 능력을 활용하여 ㈜OO을 찾는 고객 및 거래처에 긍정적인 이미지를 심어주어 회사의 성장에 기여하는 사무직 직원이 되겠습니다.

Do it - 기업 분석 후 지원동기와 입사 후 포부 작성해보기

위 작성 방법을 참고하여 실제로 지원동기 및 입사 후 포부를 작성해보자.

8

아직 일도 안 해봤는데
직무 수행 계획을 어떻게 세우죠?

공무직 공무원 지원에 놓인 징에물, 직무수행계획서

건장한 체구를 가진 청년이 씩씩하게 일자리센터 문을 열고 들어왔다. 그 청년은 어릴 적부터 운동을 많이 했는데 조금 더 안정적으로 일하고 싶어서 시청이나 구청 같은 관공서의 보안 업무나 원자력발전소 같은 국가시설의 보안 업무를 맡고 싶다고 하였다. 관련 자격이나 경험을 확인해보니 태권도, 유도, 주짓수 등 무도 관련 자격증을 보유하고 있었고, 대형마트 보안 아르바이트 경험도 가지고 있었다.

그러나 가장 큰 난관은 바로 자기소개서와 직무수행계획서였다. 자기소개서는 그래도 인터넷을 찾아보며 그럭저럭 작성했는데 직무수행계획서는 도대체 어떻게 작성해야 할지 감이 오지 않는다고 난감함을 표현했다. "근데요, 쌤님. 내가 한 번도 거기 가본 적이 없는데 어예 일을 할지 우예 쓰라는 겁니까?"

상대적으로 취업취약계층일수록 일반 민간기업보다는 상대적으로 취업이 용이한 공공근로, 기간제 공무원 등 공공 분야 취업을 희망하는데 이때 가장 걸리는 것이 바로 '직무수행계획서'이다. 일반 사무 관련 일자리 이외에 비서, 운전, 보안 등 공무직 분야도 관공서 지원 양식이 같아서 직무수행계획서를 작성해야 하는데 이 과정에서 막막함을 표현하는 분들이 많다.

직무수행계획서를 작성하는 2가지 노하우

1. 글쓰기의 일반적인 구조 활용하기

서론: 배경, 현황, 문제점 등 제시
→ 기업/기관 및 직무에 대한 이해도가 있음을 보여줘야 함

현재 OO기관은 OO분야, OO분야, OO분야로 나누어 국민을 대상으로 필요한 업무를 수행하고 있습니다. 특히 현재 OO대상은 OO가 절실한 상황이지만 실질적으로는 전체 대상의 O%만이 지원을 받고 있습니다. OO기관의 OO목표 실현을 위해서라도 이러한 대상을 확대하는 것이 절실한 상황입니다.

본론: 문제 해결 방안, 현황을 바탕으로 직무에서 기여할 수 있는 노력 방법 등 제시
→ 자신의 역량/경험과 관련하여 구체적인 실행 방안을 제시해야 함

OO직무 지원자로서 OO을 높이고, OO의 해결책을 제시하여 이러한 문제를 해결하고 싶습니다.

첫째, OO의 분야에서 제가 가진 OO경험을 살려 OO을 실행하겠습니다.

둘째, OO은 OO이 중요하기 때문에 OO의 방법으로 OO을 높일 것입니다.

셋째, 저의 OO 경험을 바탕으로 OO를 기획하고, OO을 운영하여 목표를 실현하겠습니다.

결론: 기대효과/성과를 제시하고, 요약 정리하기

→ 기대효과/성과는 기업/기관의 목표 및 비전과 연결 지어 작성,
추상적 표현보다는 구체적 수치 제시

이러한 3가지 노력을 통해 현재 지원 대상인 O명보다 O% 증가한 O명에게 필요한 지원을 제공할 수 있을 것입니다. 이는 궁극적으로 OO기관의 비전인 'OO하는 사회 실현'을 만들어 가는데 기여할 수 있을 것입니다.

2. 직무기술서 토대로 작성하기

대부분 공공분야의 경우, 직무기술서를 붙임 파일로 첨부해준다. 그러나 혹시 직무기술서가 없다면 NCS 사이트 www.ncs.go.kr 에서 검색을 통해 찾아볼 수 있다.

- 공고문에 첨부된 '주요업무'나 '직무기술서'를 확인하여 각 업무에 대한 구체적인 목표 수립
- '나의 역량/경험'과 '지식/기술/태도'를 연결하여 목표를 달성하기 위한 방법 제시하기
- 이를 통한 기대성과/기대효과 제시하기
(공공분야 = 공익적 효과, 민간분야 = 수익 증진)

예시: 【NCS기반 채용 직무기술서 : 경영지원】

채용분야	경영지원			
	대분류	**중분류**	**소분류**	**세분류**
분류체계	02. 경영·회계 사무	01. 기획사무	01. 경영기획	01. 경영기획
		02. 총무·인사	01. 총무	01. 총무
			02. 인사·조직	01. 인사
				02. 노무관리
		03. 재무·회계	01. 재무	02. 자금
			02. 회계	01. 회계·감사
주요사업	· 경영목표를 효과적으로 달성하기 위한 전략 수립, 수익·비용 편성 및 집행·통제, 인적자원 활용, 제도 개선, 임직원에 대한 업무지원 및 복지지원 업무			
직업기초능력	· 의사소통, 수리, 문제해결, 자기개발, 자원관리, 대인관계, 조직이해, 직업윤리			
직무수행내용	· 업무계획 수립, 정원 및 조직 관리, 위원회 구성 및 운영 · 기관 예산계획 수립 및 관리 및 대국회 업무 총괄, 부서 경영 업무성과 점검 및 평가 · 자금운용 계획 수립, 자금운용·출납·유가증권 관리, 수입지출 결의·통제 및 수납고지, 세무관리 · 법인카드 관리, 구매·공사·용역 계약업무, 출자회사 및 자산 검수관리 · 인사 및 인력 관리, 근무성과평가 및 제도 운영, 교육훈련계획 수립 및 시행 · 단체협상 및 노사협의회 운영 등 노사협력 관련 업무, 급여·제수당·퇴직금·학자금 등 관리 · 원내행사지원 및 총괄, 시설 관리, 안전·보안 관리 및 직장민방위 운영 · 민원처리 총괄, 출장 및 복무 관련 업무, 임직원 복지 및 경영공시 총괄			
전형방법	서류전형 → 필기전형 → 면접전형 → 임용(수습기간 3개월)			
일반요건	**연령, 성별**	무관		
교육요건	**학력, 전공**	무관		
총무	**능력단위**	· 01. 사업계획수립 · 02. 행사지원관리 · 09. 복리후생지원 · 10. 총무보안관리		
	필요지식	· 환경분석 방법 · 행사 기획 및 운영, 체크리스트 작성법 · 복리후생 규정과 운영계획 수립 방법 · 정보보호 관련 법률		
	필요기술	· 환경 분석 및 문서작성 기법 · 문제해결 능력 및 통계분석 기술 · 법규 해석 능력 및 의사소통 기술 · 정보수집 기술		
	직무수행태도	· 합리적 및 분석적 사고력 · 문제를 적극적으로 해결하려는 자세 · 개선의지 및 형평성을 조율 할 수 있는 균형감 · 보안 및 윤리 의식, 상황판단능력		
<이하 중략>				
우대사항	전략·기획, 인사·노무, 계약·회계, 총무 관련 전공자 또는 경험, 경력자			
참고사이트	www.ncs.go.kr			

직무기술서(경력/경험기술서) 작성하기

간혹 공기업이나 금융권에 지원하는 학생 중에서 직무수행계획서가 아닌 '직무기술서'를 어떻게 작성해야 하는지 막막해하는 경우가 있다. 보통 '직무기술서'라고 하면 공기업이나 공공기관에서 채용공고를 낼 때, 해당 직무에서 필요한 역량과 수행해야 할 업무 내용을 NCS를 기반으로 작성한 표를 의미한다.

하지만 입사 지원을 할 때, 자기소개서와 함께 제출해야 하는 '직무기술서'는 지금까지 직무 관련 역량을 키우기 위해 쌓았던 노력을 내용, 성과, 실적 위주로 작성하는 것이다.

> - 해당 직무에서 필요한 역량은 무엇이라고 생각하며, 그 이유는?
> - 그러한 역량을 갖추기 위해 했던 노력과 경험
>   (인성적인 측면보다는 능력적인 측면)
> - 그렇게 쌓은 역량을 해당 직무에서 어떻게 발휘할 것인지

질문은 전혀 다르게 들릴 수 있지만, 일반적인 자기소개서 문항의 '관련 경험' 부분과도 유사한 측면이 있으므로 2-6장의 '관련 경험' 작성 방법을 참고하여 작성해보는 것도 도움이 된다.

OO은행 행원으로서 필요한 직무 역량은 고객 응대 능력, 금융 전문성, 금융 상품 추천을 위한 홍보 및 영업능력이라고 생각합니다. 학창시절 수업 및 실습과 다양한 아르바이트 경험, 그리고 자격증 취득 과정을 통해 필요한 직무 역량을 키웠습니다.

1. OO카페 'BEST 직원'에 선정된 고객 응대 능력

OO은행의 주 고객층은 OO이기 때문에 다양한 고객에게 친절한 서비스를 제공하고, 고객들에게 신뢰감을 주는 것이 매우 중요하다고 생각합니다. 카페, 음식점, 의류판매점 등 4년간 서비스 분야 아르바이트를 경험하며 고객 응대 능력을 키웠습니다.

OO카페 근무 당시에는 ...

2. 금융 분야 자격증 3개 취득과 OO스터디를 통해 쌓은 금융 전문성

금융 분야 전문성을 쌓기 위해 다양한 노력을 기울였습니다. 먼저 펀드투자 권유대행인, 증권투자 권유대행인, 보험대리점 3종 자격증을 취득하며 금융 시장에 대한 이해도를 높였습니다. 또한 OO스터디에 주1회 참여하며 매주 이슈가 되는 경제 분야 기사를 분석하고, 대안을 제시하며 전문성을 키웠습니다 ...

3. 홍보부 활동을 통해 쌓은 홍보 및 영업능력

이제 행원에게 중요한 역량은 단순한 수신/여신 업무를 넘어 고객에게 적합한 금융 상품을 추천하고, 판매할 수 있는 홍보 및 영업능력이라고 생각합니다. 이러한 역량을 쌓기 위해 학교 홍보부에서 활동하며 ...

OO은행 행원으로서 필요한 직무 역량은 고객 응대 능력, 금융 전문성, 금융 상품 추천을 위한 홍보 및 영업능력이라고 생각합니다. 학창시절 수업 및 실습과 다양한 아르바이트 경험, 그리고 자격증 취득 과정을 통해 필요한 직무 역량을 키웠습니다.

1. 고객 응대 능력

4년간의 서비스 분야 아르바이트

- 카페, 음식점, 의류판매인 등 다양한 서비스 분야에서 다양한 고객 응대
- OO은행 주 고객층인 OO연령층을 주로 접하며 서비스 제공
- OO카페 'BEST 직원' 선정
- OO카페에서 고객 응대, 매장관리, 메뉴 제조 업무 담당
- 친절한 응대와 맛있는 음료 제조로 2021. 8. 'BEST 직원' 선정

2. 금융전문성 확보를 위한 노력

- 금융 분야 자격증 3개 취득
  (펀드투자 권유대행인, 증권투자 권유대행인, 보험대리점)
- OO스터디 참여를 통한 경제 분야 이슈 공부

<이하 중략>

Do it - 직무수행계획서/직무기술서 작성해보기

위 작성 방법을 참고하여 실제로 직무수행계획서를 작성해보자.

9

| NCS/블라인드 자기소개서 |

NCS, 그게 뭐죠? 먹는 건가요?

남한도 처음인데 NCS는 더 처음이라…

북한에서 일류 대학을 졸업했으며 일반적인 상식과 전문 지식 또한 풍부한 승남씨는 공부를 하고 실력을 쌓아 공공기관에 입사하고 싶은 꿈을 가지고 있었다. 특히 몇몇 공공기관의 경우, '북한이탈주민 가산점'을 주고 있어서 그런 곳으로 취업을 하고 싶다고 하였다.

하지만 공공기관 취업은 가산점이 있어도 서류전형에서 자격증, 어학 점수 등 준비할 부분이 많고, NCS전형으로 진행되기 때문에 NCS에 대한 이해가 없으면 제대로 준비하기 어렵다. 그런데 승남씨에게 공공기관 취업 방법에 관해 설명하는 과정에서 웃지 못할 헤프닝이 있었다.

승남씨는 이렇게 물었다. "NCS, NCS 하시는데 혹시 국정원(NIS)이랑 비슷한 겁네까? 아니면 SBS, KBS처럼 방송국 같은 겁네까? 나름 남한 공부를 많이 했다고 자부하는데 이건 또 처음 들어봅네다."

대학생들을 상담하는 과정에서도 NCS를 처음 들어보았다고 하는 청년들을 많이 만나보았기 때문에 그 정도는 웃어넘길 수 있었다. 그래서 NCS가 무엇이며, 왜 공공기관 채용에 도입되게 되었는지, 그리고 NCS 채용 프로세스는 어떻게 진행되는지를 설명해주고, 구체적인 공공기관 취업 준비 방안을 세워보기로 하였다.

NCS에 대해 파헤쳐보자!

NCS는 국가직무능력표준 National Competency Standard 의 줄임말이다. 국가에서 산업현장의 각 직무를 수행하기 위해 요구되는 지식·기술·태도를 체계화한 것이다. 그렇다면 왜 굳이 국가에서 이러한 작업을 진행한 것일까?

그 이유는 대한민국은 높은 교육열만큼이나 취업을 위해 과도하게 불필요한 스펙을 추구하는 사회이기 때문이다. 그래서 취업 과정에서 불필요한 스펙을 줄이고, 산업현장에서 필요한 직무에 적합한 역량을 계발하여 각 직무에 꼭 필요한 스펙을 추구하는 사회를 만들고자 NCS를 도입한 것이다.

NCS의 구성 요소는 크게 2가지로 나눌 수 있다.

1. 직업기초능력

: 직업인으로서 공통으로 갖추어야 할 10개 영역

번호	이름	설명
1	의사소통능력	글과 말을 읽고 들음으로써 다른 사람이 뜻한 바를 파악하고, 자기가 뜻한 바를 글과 말을 통해 정확하게 쓰거나 말하는 능력
2	대인관계능력	업무를 수행할 때 접촉하는 사람들과 문제를 일으키지 않고 원만하게 지내는 능력
3	조직이해능력	업무를 원활하게 수행하기 위해 국제적인 추세를 포함하여 조직의 체제와 경영에 대해 이해하는 능력
4	자원관리능력	업무를 수행하는데 시간, 자본, 재료와 시설, 인적 자원 등의 자원 가운데 무엇이 얼마나 필요한지를 확인하고, 이용 가능한 자원을 최대한 수집하여 실제 업무에 어떻게 활용할 것인지를 계획하고, 계획대로 업무 수행에 이를 할당하는 능력
5	문제해결능력	문제 상황이 발생하였을 경우, 창조적이고 논리적인 사고를 통하여 이를 올바르게 인식하고 적절히 해결하는 능력
6	자기개발능력	업무를 추진하는데 자신을 관리하고 개발하는 능력
7	수리능력	사칙연산, 통계, 확률의 의미를 정확하게 이해하고, 이를 업무에 적용하는 능력
8	기술능력	업무를 수행할 때 도구, 장치 등을 포함하여 필요한 기술에는 어떠한 것들이 있는지 이해하고, 실제로 업무를 수행할 때 적절한 기술을 선택하여 적용하는 능력
9	정보능력	업무와 관련된 정보를 수집하고, 이를 분석하여 의미 있는 정보를 찾아내며, 의미 있는 정보를 업무 수행에 적절하도록 조직하고, 조직된 정보를 관리하며, 업무 수행에 이러한 정보를 활용하고, 이러한 과정에 컴퓨터를 사용하는 능력
10	직업윤리	업무를 수행함에 있어 원만한 직업생활을 위해 필요한 태도, 매너, 올바른 직업관

2. 직무수행능력

: 각 직무에 필요한 지식, 기술, 태도를 대분류/중분류/소분류/세분류로 나누어 체계화한 것

NCS 기반 채용전형 프로세스

NCS가 어떤 것인지 알아보았다면 이제는 실제 NCS가 채용 과정에서 어떻게 활용되며, 어떻게 취업 준비를 해야 할지 살펴보도록 하자.

1. NCS 기반 입사지원서 작성

입사지원서

인적사항, 교육 사항(학교 교육, 직업교육), 자격 사항(국가공인/기술/전문/민간 자격 구분), 경력 및 경험 사항 등을 차례대로 입력한다. 이때, 경력과 경험의 차이를 잘 구분해야 한다.

- **경력**: 조직에 소속되어 일정한 임금을 받으면서 했던 일
  (경력증명서 발급 가능한 내용)
- **경험**: 일정한 임금 없이 했던 직무와 관련된 일

직무역량소개서

- **경력기술서**
  직무 관련 활동/경험 → 역할 및 수행 내용 → 구체적 행동 → 주요성과
- **경험기술서**
  활동 조직 → 역할 및 수행 내용 → 활동 결과

자기소개서

지원동기, 조직 적합성, 직무 적합성 등이 드러나도록 문항에 맞게 작성

2. NCS 기반 필기시험

직업기초능력 평가

직업기초능력 10개의 영역 중에 필요한 영역에 대한 문제 답변

직무수행능력 평가

실제 직무에서 필요한 지식, 기술, 태도를 기반으로 구성된 문제에 답변

예시1 : 의사소통능력

Q. OO마트에서 계란에 알레르기가 있는 고객이 제품에 대한 문의를 할 때,
A제품에 대하여 어떻게 설명해야 하는가? [조건, 준거, 행동동사+의문문]

(제품설명)

A제품· 면-국수류

원재료 및 함량 - 쌀 98%(국내산), 정제염

보관장소 - 직사광선을 피해 서늘한 곳에 보관

이 제품은 계란, 땅콩, 밀가루, 닭고기를 이용한 제품과 같은 시설에서 제조하였습니다.

(선택지)

1) 조리하실 때, 계란만 넣지 않으시면 문제가 없을 것입니다.

2) 제품을 조리하실 때, 집에서 따로 육수를 우려서 사용하는 것이 좋겠습니다.

3) 원재료인 쌀이 무농약이기 때문에 알레르기 체질에 무해합니다.

4) 이 제품은 계란이 들어가는 식품을 제조하는 시설에서 생산되었다는 점을
참고하시기 바랍니다.

예시2 : 서술형 - 경영기획 직무

Q. 예산편성 지침 수립 방법을 서술하시오.

3. NCS 기반 면접 평가

NCS 기반 면접 평가는 흔히 구조화된 면접이라고 이야기하며, 아래와 같은 특징으로 면접을 구성하여 진행한다.

일관성: 지원자별 동일 질문, 직무 관련 역량에 초점을 둔 구체적인 질문 제시
구조화: 면접 진행 및 평가 절차를 일정한 체계에 의해 구성
표준화: 평가 타당도 제고를 위한 평가 매트릭스 구성
신뢰성: 면접 진행 매뉴얼 따라 면접위원 교육 및 실습 진행

그렇다면 위의 특성을 반영한 면접 질문은 어떨까? 실제 예시를 통해 살펴보자.

조직이해능력 질문
Q. 지금까지 여러 조직에서 생활하면서 경험한 조직의 중요성을 설명하고, 우리 공단 조직의 역할이 무엇인지 설명해보시오.

의사소통능력 질문
Q. 고객과 업무 관련 대화를 나누고 있는데 고객이 이해가 되지 않는다고 반문을 한다. 이럴 때, 어떻게 문제를 설명할 수 있는지 설명해보시오.

문제해결능력 질문
Q. 회계 담당자로 일하던 중, 계산 착오로 비용처리에 문제가 발생한다면 어떻게 문제를 해결할 것인지 그 방법과 이유를 설명해보시오.

직업윤리 질문

Q. 직장인으로서 직업윤리가 왜 중요한지 본인의 가치관을 중심으로
   설명하십시오.

블라인드 채용

블라인드 채용은 NCS 채용 프로세스와 떼려야 뗄 수 없는 관계이다. 최근 10년간 '공정성'이 사회적 화두로 떠올랐고, 특히 MZ세대의 경우에는 '공정함'이 그 어떠한 기준보다 중요하게 여겨지고 있다. 그래서 공기업, 공공기관 등 국가에서 채용하는 인재의 경우에는 블라인드 채용을 필수적으로 진행하고 있다. 몇 년 전부터는 공정성이 중요한 금융권에서도 블라인드 채용을 도입하여 진행하고 있다.

> **블라인드 채용**
> 채용 과정에서 편견이 개입되어 불합리한 차별을 일으킬수 있는 출신지, 가족관계, 학력, 외모 등의 항목을 제외하고 지원자의 직무능력을 중심으로 인재를 채용하는 방식 (*"공정 채용"이라는 용어도 통용되고 있음)

다른 관점에서 블라인드 채용은 대부분의 사회경제적 취약계층에게는 '한 줄기 빛'과 같다. 다소 학벌이 좋지 못해도, 스펙이 부족해도, 수도권 출신이 아니더라도, 나이가 조금 많더라도, 북한이탈주민 등 사회적 편견에 노출되는 요소가 있더라도 '직무'에 적합한 교육, 자격, 경력을 보유하고 있다면 도전할 기회가 열려있기 때문이다.

물론 생각보다 실제 준비는 만만하지 않다. 서류전형 합격을 위한 기본적인 어학 점수가 필요하고, 직무와 연관된 전공이나 학점, 직업훈련 등을 이수해야 하며, NCS 필기시험이나 전공시험에도 합격해야 한다. 그럼에도 출신지, 학력, 가족 배경, 외모 등 불필요한 차별 요소에서 벗어나서 오로지 '나의 노력'으로 취업에 성공할 수 있다는 장점이 있다.

공기업/공공기관 취업에 도전해보고 싶다면 아래 활동을 통해 NCS 기반 채용 전형에 대비하기 위한 준비 과정을 숙지해보도록 하자. NCS 사이트에서는 각 채용 전형별로 어떤 준비를 해야 하는지 상세한 자료를 제공하고 있다.

NCS사이트 접속

www.ncs.go.kr → '블라인드 채용' → 채용전형별 준비

Do it – 공기업/공공기관 채용 전형별 준비사항 확인

희망 공기업/ 공공기관명	기업 1	기업 2	기업 3
지원 직무			
1. 채용공고문 확인			
2. 입사지원서 작성			
3. 필기평가 준비			
4. 면접유형 파악			
기타			

자신
없는데, ----------

3장

면접 어떻게 준비하지?

면접 전날, 꼭 준비해야 할 3가지

면접관은 주로 어떤 것을 질문할까요?

극 내향형(I)이라서 말주변이 없는데 어떻게 대답해야 할까요?

면접은 실전이다! 모의면접의 중요성

면접이 너무 자신 없다면? 동행면접서비스를 요청하자

1

면접 전날, 꼭 준비해야 할 3가지

모자란 자신감을 보충하여 취업에 합격한 소은 학생

특성화고 관광학과에 재학 중인 소은 학생이 호텔 면접을 하루 앞두고 면접 컨설팅을 받으러 왔다. 그런데 일자리센터로 들어오는 소은 학생의 표정이 좋지 않았다. 퀭한 눈, 생기 없는 눈빛, 자신감 없는 목소리까지. 조심스레 무슨 일이 있는지 물어보자 돌아온 대답은 이랬다.

"선생님, 실은 3일째 잠을 제대로 못 잤어요. 호텔에 취업하기 위해 3년 동안 노력했는데 면접에 자신이 없어요. 학교에서 모의 면접을 해도 계속 자신감이 부족해 보인다고 피드백을 받으니 점점 더 자신이 없어져요."

먼저 소은 학생의 역량을 객관화하여 분석한 결과, 보유 자격증, 면접 답변 내용 구성, 인사법, 자세, 언어습관 모두 괜찮아 보였다. 결국, 자신감 부족이 문제였다. 그래서 면접 기술이 아닌, 소은 학생이 가진 강점들을 차근차근 설명하며 자신감을 심어주고자 노력했다. 학교 실습 과정에서 최선을 다해 연습했던 경험들을 떠올리게 하며 답변을 구성해주었고, 서비스 분야에 맞는 이미지를 보여주도록 강조하였다. 다음날 소은 학생에게 카톡이 왔다. "선생님, 저 OO호텔 합격한 것 같아요. 아직도 믿어지지 않아요."

첫인상의 중요성과 이미지 메이킹

사람은 '일관성'을 유지하려는 심리적 기제가 있어서 잘못된 첫인상은 회복이 어렵다. 그렇게 처음 받아들인 첫인상이 굳어버리는 '콘크리트 법칙'이라는 말이 있을 정도다. 특히 사람들은 긍정적 부분보다 부정적 부분에 집착하는 경향이 있으며, 평균적으로 부정적인 첫인상이 긍정적으로 바뀌기까지 60번은 만나야 한다고 한다. 혹시라도 건물 입구에서 우연히 면접관을 만날 수도 있기 때문에 '이미지 메이킹은 건물 밖에서부터'라는 말이 있을 정도이다.

첫인상과 관련하여 가장 많이 인용되는 것은 '메라비언의 법칙'이다. 캘리포니아대학교 심리학과 명예교수인 알버트 메라비언이 실험을 통해 밝혀낸 것인데, 어떤 강의 또는 교육을 받은 이후 가장 기억에 남는 부분을 조사한 결과, '시각적 요소 용모, 표정, 제스처 55% > 청각적 요소 발음, 억양, 톤 38% > 말의 내용 메시지 7%'의 순서로 기억에 남는다는 것이다. 그래서 말의 내용 메시지 을 잘 준비하는 것도 중요하지만 시각적인 요소나 청각적인 요소도 신경을 써서 준비할 필요가 있다.

그렇다면 효과적인 이미지 메이킹을 위해서 무엇을 준비해야 할까? 가장 먼저 한 사람의 이미지를 형성하는 요소를 살펴보자.

시각적 이미지 : 용모, 복장, 표정, 자세, 몸짓

청각적 이미지 : 억양, 말투, 사용 단어

언어적 이미지 : 말의 내용이나 주제를 올바르게 전달하는 방식

내적 이미지 + 외적 이미지의 일치도

위 요소를 바탕으로 내가 가진 각각의 이미지가 지원하는 기업과 직무에 적합한지 살펴보고, 부족한 점들을 보완할 필요가 있다.

면접에서 통하는 목소리 만들기

면접은 대화를 통해 이루어지기 때문에 목소리에 따라 이미지가 결정된다. 목소리는 일정 부분 타고나는 부분이 있지만 얼마든지 연습과 훈련을 통해 개선할 수 있다. 크게 발성, 발음, 호흡으로 나누어 각 영역에서 필요한 훈련을 해보자.

발성 : 목소리 크기, 속도, 톤 등을 말한다.

▪ 좋은 발성을 위한 복식호흡(배를 움직이는 호흡법)

1) 어깨는 반듯하게 편 채로 힘을 빼고 선다.

2) 왼손은 가슴에, 오른손은 배 위에 얹고 5초간 코로 숨을 들이마신다.

3) 최대한 가슴이 아닌, 배에 공기가 들어가도록 하여
   배가 풍선처럼 부풀어 오르면 5초 정도 숨을 유지한다.

4) 숨을 천천히 치아 사이로 10초간 내쉰다.

발음

▪ 발음을 잘하는 7가지 방법

1) 깊게 숨을 들이마신 후에 말하라

2) 천천히 또박또박 말하라

3) 모음을 제대로 발음하라

4) 장단음을 제대로 알고 발음하라

5) 받침에 신경 쓰자

6) 파, 카, 타는 부드럽게 발음하라

7) 어미를 분명하게 처리하라

▪ 발음 연습 1 - 또박또박 빠른 속도로 따라해보자

1) 혀운동: 갈날달랄말발살알잘찰칼탈팔할 /
          걀냘댤럀먈뱰셜얄쟐챨컄턀퍌햘

2) 입술운동: 마마머며모묘무뮤느미 / 바뱌버벼보뵤부뷰브비

3) 턱운동: 카캬커켜코쿄쿠큐크키 / 삭샥석셕속쇽숙슉스식

▪ 발음 연습 2 - 이중모음 연습하기

1) '의' 발음 유의하기: 민주주의의 의의

2) '쌍 모음' 유의하기: 관광공사 위원회 대의원

■ 강조하기

1) 멈춤 : 강조하는 말 앞에서 잠깐 쉬어준다.

  → 정말 중요한 것은 바로 / 연습입니다.

  → 제가 가진 강점은 / 고객응대 능력과 / 문서작성 능력입니다.

2) 강조하려는 지점에서 천천히 감정을 담아 말한다.

  → 그것이야말로 뜨.거~.운. 열정이라고 생각합니다.

  → 사회복지사를 꿈꾸는 사람으로서 제대로 된 지지체계가 없어

    방황하는 아이들을 볼 때, 너.무. 마음이 아파서. 지원하게 되었습니다.

3) 이미지화 : 내용에 감정을 불어넣어서 말한다.

  → 시원~한 커피 / 뜨끈~한 설렁탕

목소리 점검하기

위 내용들을 충분히 연습했다면 아래 질문들에 유의하며 면접 답변을 평가해보자.

발성	목소리가 너무 가라앉거나 너무 높지 않은가?
발음	또박또박 말하고 있는가?
억양	리듬감 있게 말하고 있는가?
속도	적당한 속도로 말하고 있는가?
쉬기	문장과 문장 사이를 적절히 쉬면서 말하는가?
크기/강세	소리를 적절히 조절하고 강조하는가?

물론 정말 안타까운 사실 중 하나는 '목소리의 영역은 절대 단기간에 변화될 수 없다.'라는 점이다. 수년간 익숙해진 발성, 발음, 호흡이기 때문에 하루아침에 바꿀 수 없는 요소다. 목소리의 영역에서 부족한 점이 많다면 최소 3개월 전부터 꾸준히 연습하여 인사담당자에게 좋은 이미지를 심어주도록 해야 한다.

마인드 컨트롤의 중요성

시각적/청각적 이미지의 경우, 내적인 요소가 외부로 표출되는 경우가 많기에 마인드 컨트롤은 필수적이다. 효과적으로 마인드 컨트롤을 할 수 있도록 도울 수 있는 몇 가지 방법이 있다.

마인드컨트롤 방법

- 면접은 자신감이다.
- 나만의 힘을 싣는 구호/의식을 만들어 면접 직전이나 면접 도중에 마음속으로 외친다.
- 지도, 홈페이지 사진 등을 참고하여 미리 동선과 장소를 확인한다.
- 너무 빠르지도, 너무 늦지도 않게 면접장에 도착하여 여유있게 면접 장소를 확인한다.

Do it - 면접 준비사항 확인하기

항목		상/중/하	추가 준비 사항
이미지	복장		
	표정		
	자세		
	제스처		
목소리	발성		
	발음		
	억양		
	속도		
	쉬기(호흡)		
	크기/강세		
마인드 컨트롤	긴장감을 줄이기 위한 나만의 방법		
	사전준비 (동선, 장소 확인)		

2

면접관은 주로 어떤 것을 질문할까요?

전략적 준비와 반복연습으로 면접 전형을 통과하고 취업한 승민씨

면접은 누구에게나 두렵고 떨리는 채용 전형 중에 하나다. 자신의 역량을 즉석에서 말로 표현해야 하기 때문이다. 그것은 유명대학 석사를 졸업한 승민씨에게도 그랬다. 승민씨는 대학원 입학 면접을 본 것 이외에는 살면서 면접을 본 경험이 전혀 없다고 하였다. 또한 논문 발표, 학술대회 참여 등 답변에 쓸 소재는 많았지만 어떻게 인사담당자에게 자신의 역량을 어필해야 할지 막막하다고 하였다. 그래서 우선 기본적인 면접 포인트를 설명해주었다.

면접의 포인트
1) 직무적합성: 직무 수행에 필요한 관련 지식, 자격증, 경험을 보유하고 있는지
2) 조직적합성: 기업의 조직 문화, 인재상에 맞는 인성을 가지고 있는지
3) 장기근속적합성: 업무가 힘들더라도 극복할 수 있는 경험, 끈기를 가지고 있는지

이러한 내용을 설명한 후, 승민씨가 지원하는 기업의 면접 절차에 대해 알아

보았다. 그 기업에서는 PT면접(자료를 주고 생각을 정리하여 발표하는 방식)과 경험면접을 진행하였다. 그래서 PT면접 준비를 위해 PT면접 유형을 설명하고, 기출 문제를 바탕으로 답변을 어떻게 구성할지 개요도를 만들어보았다. 그리고 경험면접 준비를 위해 STAR기법을 활용하여 경험을 정리하고 키워드 중심으로 답변을 구성한 이후, 각 경험에서 강조할 수 있는 역량을 뽑아내었다. 마지막으로 해당 기업 및 직무 분석을 통해 예상 면접 질문들을 만들어보고, 답변을 정리해보았다.

그렇게 전략적으로 면접 답변을 구성하고, 반복적으로 실전 모의 연습을 진행한 끝에 승민씨는 원하는 기업에 최종 입사할 수 있었다. 유명 대학 석사 졸업생도 면접이 어렵다는 사실이 많은 취업준비생에게 위로가 될 수 있지 않을까?

면접 방식과 유형

면접은 진행 방식이나 질문 구성에 따라 다양하게 나눌 수 있다. 먼저 진행 방식에 따라 어떠한 특징이 있고, 어떻게 대비해야 할지 알아보자.

1. 면접 진행 방식에 따른 구분

1 vs 1 면접

많은 질문을 집중적으로 하여 지원자를 심도 있게 파악할 수 있는 면접 방식이다. 상대적으로 규모가 작은 기업에서 주로 진행한다.

- 따로 생각할 여유가 없으므로 충분한 준비를 통해 즉석에서 답변해야 한다.
- 입사지원서(이력서, 자기소개서)를 상대적으로 꼼꼼히 보면서 질문하므로

사전에 작성한 입사지원서에 대한 철저한 숙지가 필요하다.
- 불필요하게 길게 이야기하거나 도움이 안 되는 말을 하지 않도록 유의한다.

多 vs 多 면접

짧은 시간에 많은 지원자의 역량을 파악하기 위한 방식이다. 다른 지원자들과 비교를 통해 평가하므로 다른 지원자들의 답변에도 주의를 기울여야 한다. 주로 대규모 채용을 진행할 때 실시한다.

- 주어진 시간이 길지 않으므로 간결하고, 핵심적인 답변이 필요하다.
- 다른 지원자보다 차별화된 답변은 필요하지만, 과도하게 튀지 않도록 주의한다.
- 다른 지원자의 답변도 경청해야 한다. (단, 시선은 면접관을 보면서 귀로만 경청)
- 다른 지원자의 생각도 존중해야 하며, 다른 지원자를 비하하거나 공격하는 것은 금물이다.

多 vs 1 면접

한 명의 지원자를 여러 명의 면접관이 심층적으로 파악하는 방식이다. 다양한 측면에서 지원자를 평가하기 때문에 순발력과 응용력이 필요하다. 주로 임원면접이나 최종 면접 과정에서 진행한다.

- 쉴 새 없이 질문이 쏟아지기 때문에 사전에 철저한 준비가 필요하다.
- 같은 경험도 다양한 각도에서 바라보기 때문에 '꼬리 질문'이 많아서 세부적인 사항까지 준비해야 한다.
- 다수의 면접관 중에 1명 이상 '악역'이 존재하기 때문에 미리 마음을 먹고 면접에 임해야 위축되지 않을 수 있다.

2. 면접 질문 구성에 따른 구분

1. 상황면접

특정 상황을 제시한 이후, 그러한 상황에서 어떻게 행동할 것인지 답변하는 방식이다. 주로 1차 면접에서 많이 진행한다.

"개인-인성 및 문제해결 능력" 관련 질문

1. 회사의 행사로 인해 친구와의 약속을 잊어버리고 있다가 약속시간 10분 전에 기억이 났습니다. 친구와의 약속장소는 1시간이 소요되는 거리입니다. 어떻게 대처하시겠습니까?
2. 우연히 1억 원이 생겼습니다. 1년 이내에 2억 원을 만들려고 합니다. 어떻게 하시겠습니까?
3. 팀 회식과 개인 약속이 겹친다면 어떻게 하시겠습니까?

"조직-대인관계 능력" 관련 질문

1. 상사와 동료가 의견충돌이 일어난다면 누구 편을 들겠습니까?
2. 귀하를 정말 싫어하는 상사/동료가 있다면 어떻게 하시겠습니까?

"가치관" 관련 질문

1. 고객의 이익과 기업의 이익 중 어느 것이 더 중요하다고 생각합니까?
2. 공익을 위한 사업이 개인의 권리를 침해한다면 어떻게 하시겠습니까?

"업무이해능력/고객서비스 및 갈등관리/사고력" 관련 질문 ※한국자산관리공사 기출

(가계지원 직무) 지원자는 가계지원본부에서 채무조정 업무를 맡고 있습니다. 주된 업무는 최초 채무 발생 이후, 오랫동안 이자가 누적되어 채무 총액이 많아진 채무자

에게 연락하여 일정 비율의 채무를 감면해주고, 잔여 채무를 원활히 상환하도록 하는 업무를 담당하고 있습니다. 그러나 채무자 A의 재산이 발견됨에 따라, 공사는 기존 채무조정 약정을 철회하고 더 높은 수준의 금액을 납부하라고 통지하였고, 이에 A는 강한 불만을 제기한 상태입니다.

"상황 제시 + 문제 제시" 유형 질문

1. (상황 제시)

   OO시설공단이 관리하는 시설의 소방배관 누수가 잦아 배관교체 공사를 추진해야 합니다. 당신은 이번 공사 담당자로서 공사 도중 기능공의 실수로 배관을 잘못 건드려 고압배관의 소화수가 누출되는 사고를 해결해야 하는 상황입니다.

2. (문제 제시)

   Q1. 소방배관의 연결 방식과 누수 발생 원인에 대해 설명하시오.

   Q2. 담당자로서 본 사고를 해결하기 위한 프로세스를 제시하고,
   보수 완료 이후 재발 방지 방안에 대해 설명하시오.

상황면접 준비법

1. 극단적인 답변을 피하자.

   → 양쪽의 상황을 파악 후, 절충적인 답변 또는 적당한 의견 제시

2. 직무 이해도와 직업기초능력(의사소통 능력, 문제해결 능력)이 잘 드러나도록 답변한다. 불만 고객 응대 기법을 참고하면 도움이 된다.

3. 업무 프로세스, 매뉴얼, 규정, 지침 등을 적극 활용하고, 대화와 절차를 통한 해결책을 강조한다.

4. 너무 일반적인 포장된 답변보다는 진실성이 드러나는 답변이 좋다.

5. 문제 해결 등을 요구할 때는 '이론적 지식 + 실천적 능력'을 골고루 반영하여 답변해야 한다.

2. 경험면접(직무역량 면접)

선발하고자 하는 직무에 맞추어 과거의 경험을 질문하여 지원자가 가지고 있는 직업기초능력 및 직무수행능력을 평가하는 방식이다.

경험면접 진행과정

단계	질문	예시
1단계	시작 질문-주 질문	원칙과 절차대로 집행하여 성공적으로 업무를 마무리한 경험이 있나요?
2단계	기본 질문-상황 (Situation)	언제, 어디에서, 어떤 조직에서, 얼마 동안
3단계	후속 질문-임무 (Task)	과제의 목표, 적용되는 규칙/원칙, 맡은 역할, 어떤 것이 중요하다고 생각
4단계	검증 질문-역할 및 노력 (Action)	어떤 노력, 차별화된 능력 발휘, 동료들을 이끎
5단계	심층 질문 - 결과 (Result)	구체적 성과, 주변 사람들의 평가, 기여 부분, 배운 점, 업무 적용점

경험면접 예시

1. 한정된 자원을 효과적으로 활용하여 좋은 성과를 냈던 경험이 있다면?
2. 팀의 리더로서 구성원들에게 해야 할 일을 효과적으로 잘 배분하여 맡은 일을 잘 수행했던 경험이 있다면?
3. 조직의 원칙과 절차를 철저히 준수하여 업무를 수행하여 성과를 향상한 경험이 있다면?
4. 업무를 하며 일의 프로세스나 방법을 개선했던 경험이 있다면?
5. 어떤 과제를 수행하며 장애물을 극복하고, 좋은 결과를 수행했던 경험이 있다면?
6. 남들이 신경 쓰지 않는 부분까지 고려하여 절차대로 업무(연구)를 수행하여

성과를 낸 경험에 대해 구체적으로 말씀해 주십시오.

7. 조직의 원칙과 절차를 철저히 준수하여 업무(연구)를 수행하며 성과를 향상한 경험에 대해 구체적으로 말씀해 주십시오.

8. 다른 사람의 실수를 바로 잡고, 원칙과 절차대로 집행하여 성공적으로 업무를 마무리한 경험에 대해 구체적으로 말씀해 주십시오.

경험면접 준비법

1. STAR기법을 활용하여 경험을 정리하자.

> **Situation(상황설명)** : OO때, OO을 하며 OO했던 경험이 있습니다.
>
> **Task(과제,역할)** : 저는 OO을 맡으며, OO하는 역할을 맡았습니다. / OO을 해야 했습니다.
>
> **Action(나만의 차별화된 행동)** : 제가 가진 OO능력을 발휘하여 OO한 방법으로 OO을 진행했습니다.
>
> **Result(결과)** : 그 결과, OO의 성과를 낼 수 있었고, OO을 배울 수 있었습니다.

2. 두괄식 답변을 위해 경험을 한 술 요약으로 정리해보자.

   → OO 때, OO를 경험하며 OO역량을 쌓은 경험이 있습니다.

3. 직무기술서를 토대로 예상 질문을 정리하자.

PT 면접

특정 주제와 관련된 자료 검토 후, 그에 관한 자기 생각을 발표하는 방식이다.

일반적인 진행 방식

- 사전에 A4 1~2장 분량의 참고 자료 제공
- 자료를 토대로 10~15분 준비
- 자료 정리용 A4용지 1장에 발표 내용 준비하여 발표

기타 진행 방식

- 화이트보드나 전지를 활용하여 발표
- PPT를 직접 제작하고, PPT 토대로 발표

PT면접 예시

1. 문제해결 유형 : A라는 문제점이 발생했다. 해결 방안을 발표하시오.
2. 지식이해 유형 : A라는 것에 대해 상세히 설명해보시오.
3. 선택 유형 : 공익성과 수익성 중, 무엇을 우선시해야 하는지 발표하시오.

PT면접 준비법

1. 체계적인 답변 양식을 준비하자.

    (서론(주제)-배경(현황)-목적-방법-기대효과-결론(적용점))
2. Why에 집중하자. (면접관은 이 PT를 통해 무엇을 보고 싶을까?)
3. 비언어적 측면도 중요하다. (시선, 몸짓, 자신감, 말의 크기 및 속도)
4. 미리 기업 조직도나 주요사업을 정리한 후,

    지원 기업(기관) 및 부서(직무)의 측면에서 해결책을 제시하자.
5. 지원자(나)가 실제로 지원 분야에서 기여/해결/노력할 수 있는 부분도 제시하자.

토론/토의 면접

상호갈등적 요소를 가진 과제 또는 공통의 과제를 해결하도록 과제를 제시하고, 그 과정에서의 개인 간의 상호작용을 관찰하는 방식이다.

주요 특징

- 토론/토의 면접 시행 목적 : 의사소통능력, 논리적 사고력을 파악하기 위함
  - 의사소통능력 : 상대편 주장의 요지 파악 능력, 경청 능력
  - 논리적 사고 능력 : 적합한 근거 제시 능력 (데이터, 실제 사례 등 활용)
- 토론 면접의 경우, 찬성/반대 등을 즉석에서 제비뽑기로 뽑을 수도 있음
  (내가 원하지 않아도 찬성/반대 입장에서 주장해야 하는 경우가 있음)
- 진행 방식 : 자료 검토 및 준비 20분 / 토론 진행 40분 (지원자 5인 기준)

토론/토의 면접 예시

1. 임금피크제에 대한 찬반

2. 우버 택시에 대한 찬반

3. 주어진 자료와 자신의 생각을 정리하여 가족친화경영을 통한 행복한 일터를 만들 수 있는 방안에 대해 토의해보라.
   - 자료1 : A공공기관의 가족친화제도 관련 설문조사 결과
   - 자료2 : B기업의 가족친화경영 사례

4. 악의적 소비자(black consumer) 관리 방안 제시

5. 우리 회사는 국내 1위 자동차 완성차 회사로서 기술적인 부분에서 강점을 가지고 있다. 이러한 기술적인 부분 이외에 인도네시아 시장에서 경쟁력을 갖추기 위한 방안이 무엇인지 제시하라.

토론/토의 면접 준비법

1. 최근 신문 사설(경제신문)에서 토론 주제를 선정하여 찬성/반대 입장에서
   각각 준비해보자.
2. 5분 이내로 빠르게 자료를 찾는 훈련을 하자.
3. 결론부터 두괄식으로 말하는 연습을 하자.
4. 상대에게 공격당하더라도 감정적으로 대처(분노, 위축 등)하지 않도록
   마인드컨트롤을 연습하자.

A.I. 면접

코로나 사태 이후 많이 도입된 면접 방식으로 온라인 화상 프로그램을 활용
하여 면접을 진행하는 방식이다. 초기 면접 단계에서 기본 역량을 파악하기
위해 활용되는 편이며, 시간과 비용 측면에서 효율적이기 때문에 도입이 많
아지는 추세다.

A.I. 면접 진행 순서

1. 자기소개 기본질문
   : 자기소개, 지원동기, 장단점 (준비시간 30초, 답변시간 90초)
2. 성향파악(인성검사) : 일관성, 솔직함 중요, 조직 내/집단 내 상황에서 답변
   (예시) 사회적 규칙은 사람들을 억압하기 위한 수단이다.
3. 상황질문 : 실제 상황에서 대화 방식 (상황대처능력 확인)
   (예시) 회사 사정으로 많은 직원이 퇴사하여 업무량이 늘어서 힘든 상황이다.
   이 때, 가장 친한 동료가 퇴사하려고 한다면 동료에게 어떤 말을 할 것인가?
   (실제로 동료에게 말을 한다고 생각하고 답변해보라.)
4. 게임 : 게임 은행에 있는 20여 개의 게임 중에서 6~10개 선택
   (예시) 이동 가능 횟수 안에 '보기'의 모습과 동일하게 되도록 공을 움직여 완

성하세요.

5. 심층질문 : 성향파악(인성검사) 답변에 기반을 둔 상세 질문

    (예시) 기분이 상해서 일을 망친 경험이 있습니까?

A.I. 면접 준비법

1. 목소리는 작위적인 아나운서톤보다는 또박또박 일반톤으로 말하는 것이 좋다.

2. 떨리는 음성을 잘 구분하므로 자신 있게 말하는 것이 중요하다.

3. 인공지능의 경우, 내용보다는 표정이나 음성을 더 잘 잡아낼 수 있으므로 생각이 잘 나지 않거나 정리가 안 되어도 키워드 중심으로 일단 많은 이야기를 해야 한다.

4. 최적화된 온라인 환경을 유지할 수 있어야 한다.

    (무선이어폰 보다 유선이어폰, 무선인터넷보다 유선인터넷 추천)

주요 면접 질문과 답변 작성해보기

면접에서 가장 먼저 물어볼 수 있는 질문이 바로 "자기소개 한번 해보세요."이므로, 1분 자기소개는 꼭 물어보지 않더라도 준비해서 면접장에 가는 것이 좋다. 특히 1분 자기소개는 전체 면접 답변의 '한줄 요약'과 같은 역할을 담당하기 때문에 전체 답변 내용을 간략하게 요약해서 답변한다는 느낌으로 준비한다.

1분 자기소개 작성법

1. 인사말(5초)

안녕하십니까. OO기업의 안정적인 재무 관리를 책임지고 싶은 OOO입니다.

2. 자신의 학교, 전공, 자격, 교육 사항 등 간략한 소개(10초)

OO대학교 경영학과를 졸업하고, 전산회계1급과 세무회계2급 자격증을 취득하며 회계 전문성을 키웠습니다.

3. 자신의 강점 1~2개(10초)

그 이외에도 제가 가진 강점은 꼼꼼한 성격과 다양한 회계 업무 경험입니다.

4. 강점에 대한 경험/사례 + 갖춘 능력/배운 점(20초)

먼저 꼼꼼한 성격을 바탕으로 대학 시절, 회계 분야 공모전에 참여하여 수상한 경험이 있습니다. 또한 방학 기간을 활용하여 세무서 근로장학생, 세무사 사무실 아르바이트, OO기업 재무팀 인턴을 경험하며 회계 전문성을 키웠습니다.

5. 회사/직무에서 기여할 수 있는 점(10초)

이러한 강점을 발휘하여 OO기업이 다양한 해외 시장 진출에 성공할 수 있도록 든든하게 재정을 관리하는 직원이 되겠습니다.

6. 끝 인사말(5초)

지금까지 꼼꼼함과 회계 전문성을 갖춘 OOO이었습니다. 감사합니다.

Do it – 주요 면접 질문에 대한 답변 작성

아래 항목에 따라 답변을 작성해보자.

1. 1분 자기소개

2. 기업 지원동기

3. 직무 지원동기

4. 우리 회사의 주요 제품(서비스)에 대한 지식

5. 직무 관련 경험

6. 업무상 강점(능력적 측면)

7. 성격의 장점과 단점(성격적 측면)

8. 입사 후 포부

9. 인생의 목표(가치관)

10. 스트레스 해소법

3

극 내향형(I)이라서 말주변이 없는데
어떻게 대답해야 할까요?

극 내향형(I)이라서 걱정이 많은 다빈씨

MBTI가 대세다. MBTI를 활용하여 서로를 이해하고, 특징짓는 것이 유행이다. 실제로 'INFP유형은 지원 불가입니다.' 등의 문구가 채용공고문에 나올 정도라면 해도 해도 너무한 것 아닌가라는 생각이 들기도 한다. 이러한 경향은 실제 취업을 준비하는 청년들 사이에서도 두드러지게 나타나고 있다. 면접 컨설팅을 받으러 온 다빈씨도 본인이 극 내향형(I)이라서 말주변이 없다며 말문을 열었다. 나는 먼저 다빈씨에게 'MBTI에 대한 오해'를 설명해주었다.

"MBTI를 통해 나의 타고난 성향을 이해하는 것도 중요하지만, 부족한 반대 유형을 보완하여 통합적으로 온전한 사람이 되는 것이 더 중요하답니다. 저도 주로 하는 일이 상담과 강의이지만 내향형(I)이랍니다." 다빈씨는 내가 내향형(I)이라는 사실에 내심 놀란 눈치였다. "저도 학창 시절에는 사람들 앞에서 말하는 걸 잘 못해서 밤새 대본을 만들어서 발표 연습하고, 출퇴근하는 차에서 뉴스를 따라하며 발성 연습을 하기도 했어요. 충분히 노력을 통해 말하기 능력은 키울 수 있답니다."

내 이야기를 듣고 다시 한번 노력해봐야겠다고 다짐한 다빈씨에게 효과적으로 면접관에게 자신의 역량을 어필할 수 있는 몇 가지 방법을 알려주었다. 또한, 면접에서는 단순히 '말 잘하는' 사람을 채용하는 것이 아니므로 말주변이 없더라도 직무 관련 역량이 뛰어나다면 채용이 될 수 있다고 자신감을 불어넣었다. 면접에서 중요한 것은 '화려한 언변'이 아니라, '효과적인 자기홍보'를 통해 면접관들에게 자신의 존재감을 각인시키는 것이다.

언변이 부족하지만 설득력 있게 말하는 방법 5가지

1. 달달 외운 답변보다는 핵심 키워드를 자연스럽게 풀어내며 답변한다

면접에 자신이 없는 사람일수록 예상 질문을 여러 개 만들어놓고, 일일이 답변을 타이핑한 다음 그것을 달달 외우는 경우가 많다. 물론 그렇게라도 하지 않으면 전혀 말을 못 꺼낼 정도로 긴장을 많이 한다면 어쩔 수 없지만 그렇지 않다면 최대한 자연스럽게 답변할 수 있도록 키워드 중심으로 준비하여 말하는 것이 훨씬 좋은 인상을 남길 수 있다.

2. 두괄식으로 답변하자

자기소개서도 그렇지만 면접관들은 여러 사람과 면접을 해야 하고, 한 사람당 면접 시간이 제한되어 있으므로 '핵심만 간단히!' 말하는 것을 선호한다. 따라서 모든 답변에 최대한 먼저 결론을 말하고, 이후 근거를 제시하는 것이 좋다.

잘못된 예시

고등학교 때, 학교에서 조별과제를 했습니다. 저는 조장이었는데 생각보다 조원들의 참여가 원활하지 않았습니다. 그래서 조원들과 1:1로 대화를 시도하여 각자의 상황을 확인하였고, 전체적으로 상황을 종합하여 가장 합리적인 참여 방법을 고안했습니다.

잘된 예시

고등학교 때, 조별과제의 조장 역할을 맡으며 조원들의 원활한 참여를 이끌어낸 경험이 있습니다. 조별로 OO을 만드는 과제였는데 생각보다 조원들의 참여가 원활하지 않았습니다. 그래서 1:1 대화 방식을 통해…. (이하 생략)

3. 숫자로 정리하며 말하자

주장에 대한 근거나 사실을 이야기할 때, 숫자로 정리해서 답변하면 논리적으로 말할 수 있다. 숫자를 활용할 때 명확하게 생각이나 사실이 정리되기 때문에 단순 나열식 답변보다 훨씬 설득력 있는 답변이 가능하다.

잘못된 예시

워드프로세서, 컴활 등 컴퓨터 자격증을 취득하였고, 전산회계 자격증도 취득했습니다. 그리고 OO에서 현장실습을 하였는데 주로 보고서를 작성하고, 지출 영수증을 정리했습니다. 또한, 기타 동아리에서 적극적으로 활동하며 사람들도 많이 사귀고, 공연도 진행하였습니다.

잘된 예시

OO에 입사하기 위해 3가지 노력을 했습니다. 첫째, 전산 사무 관련 자격증 취득을 통해 전문성을 높였습니다. 워드프로세서, 컴활 등 컴퓨터 자격증을 취득하였고, 전산회계 자격증도 취득하였습니다. 둘째, OO 현장실습을 통해 실무 능력을 키웠습니다. OO보고서 작성, 주 1회 부서 지출 영수증 정리 등을 통해 문서 작성 실무와 회계 처리 실무를 경험했습니다. 셋째, 기타 동아리에서 활동하며 대인관계 능력을 키웠습니다. 공연을 준비하는 과정에서 사람들의 이견을 조율하고, 아이디어를 취합하여 OO공연을 성공적으로 마무리하였습니다.

4. 너와 나의 연결 고리'를 찾아서 답변하자

'너'에 대한 확실한 이해

연결고리를 찾기 위해서는 가장 먼저 '너'에 대해서 잘 알고 있어야 한다. 사전에 기업 및 직무에 대해 자세히 조사한 다음, 지원하는 기업 및 직무에 적합한 방식으로 답변을 한다면 인사담당자의 마음을 사로잡을 수 있다.

(예시1) OO기업은 최근 OO프로젝트를 추진하며 OO의 목표 달성을 위해 노력하고 있습니다. 저의 OO경험은 OO프로젝트의 완성에 큰 도움이 될 것입니다.

(예시2) OO직무에서 가장 중요한 것은 OO이라고 생각합니다. 저의 OO경험은 OO직무를 원활하게 수행하는데 큰 도움이 될 것입니다.

'나'에 대한 확실한 연결

인사담당자들이 가장 싫어하는 답변 중 하나가 추상적이고, 뻔한 이야기를 늘어놓는 것이다. 아무리 좋은 말을 많이 하더라도 그 속에 '나의 경험과 생각'이 들어가 있지 않다면 면접을 통해 보고 싶은 지원자의 특성을 제대로 파악하지 못하기 때문이다. 그래서 될 수 있으면 모든 답변에 자신만의 이유나 실제 경험을 넣어서 답을 구성해야 한다.

잘못된 예시

입사 이후에는 성실하게 근무할 것이며, 동료들과도 적극적으로 협업할 것입니다.

잘된 예시

입사 이후에는 저의 OO경험을 바탕으로 OO의 성과를 내고자 노력할 것입니다. 또한 평소 OO 분야에 관심이 많아 OO 활동을 많이 했습니다. 이 경험을 살려 동료들과 협업하여 OO사업에 주력하겠습니다. 현재 O원의 매출을 O%까지 끌어올려 O원을 만드는 직원이 되겠습니다.

5. 말주변이 없어도 성공하는 자기 PR방법을 활용하자

꼭 말을 잘해야만 좋은 점수를 받는 것은 아니다. 면접의 요소 중에는 비언어적 요소도 있기에 언어적 요소에서 점수를 받기가 어렵다고 생각한다면 아래 방법을 통해 긍정적인 이미지를 형성하는 것이 좋다.

호감을 연출하자
따뜻한 미소와 다정한 인사는 사람의 마음을 녹인다.

자기 자신을 믿자

자신을 신뢰하지 못하면 상대방에게 신뢰를 줄 수 없다. 지금은 다소 부족하지만, 충분히 나아질 수 있다는 확신을 가지고 면접에 임하자. 면접의 절반은 자신감이 좌우한다.

면접관이 관심을 끌 만한 포인트를 찾자

여러 명의 면접자 중에서도 '아~ 그 사람!'이라고 생각날 수 있는 포인트를 만들어서 어필하자.

일관성을 유지하자

면접관의 유도 질문이나 압박 질문에 당황하지 말고, 일관되게 자신의 생각, 신념을 주장하자. 물론 잘못된 고집은 금물이다.

면접에서 주의해야 하는 5가지 답변

1. 이전 직장에 대한 비판

뒷이야기는 또 다른 뒷이야기를 낳는다. 면접에서 예전 직장에 대해 비판할 정도라면 나중에 우리 회사를 퇴사해서도 뒷이야기를 할 수 있다고 생각할 수 있다. 비록 예전 직장에 문제나 아쉬움이 있어서 이직하더라도 절대 예전 직장에 대한 험담은 하지 않는 게 좋다.

2. 월급^{급여}에 대한 노골적인 이야기

돈을 벌기 위해 일을 하지만 '돈만 보고' 일하는 사람을 원하는 회사는 없다. 특히 면접 상황에서 급여를 물어보는 것은 좋지 않다. 간혹 면접에서 "급여는 얼마 정도 희망하세요?"라고 묻는다면, 경력직일 경우 이전 직장의 연봉을 이야기하면서 간접적으로 희망 급여 수준을 나타내면 되지만 그렇지 않은 경우, "회사 내규에 따르겠습니다." 등으로 답변하는 것이 좋다.

3. 건강상의 문제

직장생활에서 건강이 좋지 않은 것은 치명적인 단점이다. 물론 거짓으로 건강 상태를 말하는 것은 안 되지만 굳이 면접관이 묻지 않거나 크게 업무에 지장이 없는 건강상의 문제를 끄집어내서 긁어 부스럼을 만들 필요는 없다.

4. 답변이 잘 생각나지 않는다면?

모의 면접을 하다 보면 많은 경우에 생각이 나지 않으면 아무 말도 없이 5초 이상 침묵하거나 그냥 "잘 모르겠습니다."라고 답변한다. 하지만 면접에서 침묵은 마이너스 요소이다. 그래서 아래의 방법으로 답변하는 것을 추천한다.

답변할 수 있는 내용인데 갑자기 생각나지 않는다면
"잠시 생각할 시간을 주실 수 있을까요?"라고 요청한다.

아무리 생각해도 답변이 떠오르지 않는다면
"죄송하지만 이 질문에 대한 답변은 미처 준비하지 못했습니다. 면접 종료 이후에 이 부분은 반드시 숙지하도록 하겠습니다. 죄송합니다만 혹시 다른 질문을 주실 수 있을까요?"라고 답변한다.

5. 난처한 질문을 받더라도 절대 감정적으로 대응하지 말자

간혹 면접 상황에서 압박이 들어오거나 나의 치명적인 단점을 공개적으로 지적할 때가 있다. 물론 내면에서는 분노가 끓어오를 수도 있겠지만 "지적해주셔서 감사합니다." 또는 재치 있는 답변으로 넘어가는 것을 추천한다.

Do it – 면접에서의 약점과 극복 방안 세워보기

내향적인 성격 이외에도 면접에서의 약점은 다양하게 나타날 수 있다. 아래 표를 통해 자신이 면접에서 약한 부분을 파악하고, 위 내용을 토대로 극복 방법을 작성해보자.

항목		약점	극복 방법
이미지	표정		
	자세		
	제스처		
목소리	발성		
	발음		
	억양		
	속도		
	쉬기(호흡)		
	크기/강세		
내용	두괄식 답변 (한 줄 요약)		
	숫자로 정리하기		
	기업/직무에 대한 이해		
	나의 경험 정리		
	당황했을 때의 임기응변 (순발력)		

4

면접은 실전이다! 모의 면접의 중요성

면접 답변을 숙지하여 고령에도 취업에 성공한 숙희님

"OO재가복지센터를 찾는 어르신들에게 행복과 편안함을 주고 싶은 사회복
지사 이숙희입니다. 아... 선생님. 내 60년 넘게 살면서 면접은 처음이라서 많
이 떨리는데 심호흡 한번 하고 계속 해보면 안 되겠습니꺼?"

경력단절여성을 위한 직업훈련 과정에 참여 중인 60세가 넘은 숙희님께서
첫 문장을 말씀하신 이후, 긴장하셨는지 다시 해도 되는지를 물으셨다. 숙희님
은 교육생들과 함께 면접 답변을 준비하여 모의 면접을 진행 중이었다. 숨을
고른 숙희님은 다시 자기소개를 이어나갔다.

"방송통신대학을 다니며 사회복지와 상담을 전공했기 때문에 어르신들에
게 필요한 프로그램과 서비스를 잘 제공할 수 있습니다. 또한, 꾸준히 컴퓨터
를 공부해서 컴퓨터 자격증도 가지고 있고, 최근에는 업무에 도움이 될까 하
여 회계도 배우고 있습니다. 나이가 많은 게 단점이지만 오히려 나이 또래가

비슷하기에 어르신들 마음도 더 잘 헤아려드릴 수 있습니다. 매일 1시간씩 운동도 하고 있어서 체력도 문제없습니다. OO재가복지센터에서 제 역량을 펼쳐 센터의 비전을 실현하고 싶습니다."

그때 갑자기 함께 모의 면접을 지켜보던 경력단절 여성분들이 박수갈채를 보냈다. 조금 더듬기는 했지만 준비한 답변을 거의 다 숙지하여 잘 답변하셨기 때문이다. 7년간의 경력단절 이후 새로운 도전을 위해 특강에 참여했던 한 여성분은 숙희님의 노력을 보면서 덕분에 용기를 얻었다며 눈시울을 붉히셨다. 이후 숙희님은 바라던 대로 재가복지센터에 취업하여 행복하게 일하고 있다는 소식을 들을 수 있었다.

머릿속으로 면접 장면 그려보기

면접은 모두에게 긴장되는 상황이다. 물론 여러 번 면접을 보면 긴장 감도 줄고 자연스러워질 수 있지만, 나의 채용 여부를 결정하는 누군가 에게 제한된 시간 내에 나의 역량을 보여준다는 것은 결코 쉬운 일이 아니다. 그래서 긴장감을 줄이기 위해 면접 상황을 머릿속으로 그려보고 면접에 들어간다면 훨씬 자신감을 가지고 면접에 임할 수 있다. 특히 아직 한 번도 면접 경험이 없다면 아래 순서와 순서별 유의사항을 잘 확인 해서 면접을 준비해보자.

면접 장소 도착

1. 면접 대기실에는 정해진 시간보다 15분 정도 일찍 도착하여 기다린다.
   (간혹 긴장이 많이 된다면 30분 정도 일찍 도착하여 회사 주변이나 내부를

둘러보며 회사에 대한 친숙함을 키운다. 단, 외부인이 출입 가능한 공간만 둘러본다.)

2. 대기실에서 차분하게 대기한다.

3. 대기 도중에는 준비한 면접 답변을 다시 점검하는 것이 좋으며, 스마트폰을 보는 것은 추천하지 않는다.

4. 대기실에서 피해야 할 행동 : 다리 꼬기, 잡담, 전화통화, 화장 고치기

5. 대기실에서 안내해주는 직원들 또한 나를 평가할 수 있으므로 친절한 인사는 필수다.

6. OT를 할 때는 진지한 태도로 관심을 표현하며 좋은 인상을 남긴다.

면접 장소 입장

1. 진행자(안내자)가 호명하면 "예"하고 답변 후, 지시에 따라 들어간다.

2. 노크 후 문을 연다.

3. 들어가서 가볍게 문을 닫는다.

4. 침착하게 걸어가서 면접관 앞에서 수험번호나 이름을 밝히며 정중하게 인사한다.

5. (면접관이 앉으라고 하면) "감사합니다."라고 답변하고 자리에 앉는다.

면접 진행 중

자세

1. 무릎을 모으고, 다리는 의자 쪽으로 당겨 바르게 세운다.

2. 양손은 가볍게 무릎 위에 올려놓고, 시선은 면접관의 눈을 바라본다.

3. 허리와 가슴은 바르게 편다.

태도

1. 다른 면접자가 대답할 때도 경청하는 모습을 보인다.
2. 대답을 잘하지 못했더라도 포기하지 말고 끝까지 최선을 다해 대답하면 만회할 수 있다.
3. 마지막으로 하고 싶은 말이나 질문 기회가 생기면 적극적으로 취업 의지를 보여준다.

면접 종료 후

1. 일어서서 바른 자세로 면접의 기회를 주셔서 감사하다는 인사말과 함께 허리 숙여 인사한다.
2. 인사말이 끝나면 돌아서서 침착하게 걸어간다.
3. 문은 조용히 닫고 나간다.
4. 회사 정문을 나서기 전까지 면접 질문에 대해 다른 지원자와 의견을 나누거나 전화 통화를 하는 등의 불필요한 행동은 자제한다.

가장 효과적인 면접 연습

면접은 결국 실전이다. 그래서 면접 답변을 아무리 오랫동안 준비하고, 많은 분량을 준비하더라도 실제로 입 밖으로 내뱉으며 연습하지 않으면 효과가 거의 없다. 그래서 면접 연습을 실전처럼 해야 실력이 향상될 수 있다. 다행히 요즘은 스마트기기가 잘 나와 있으므로 기기를 활용하여 면접 연습을 진행한다면 이미지, 발성, 내용 모든 측면에서 자신의 부족함을 발견하고 개선해나갈 수 있다.

면접 연습 방법

- 전신거울 앞에 의자를 놓고 모의 면접 해보기
- 녹음기를 틀어놓고, 면접 답변 내용을 녹음한 다음, 다시 들어보며 부족한 점 개선하기
- 핸드폰 동영상 촬영기능을 활용하여 자신의 답변 모습을 촬영한 다음, 부족한 점 개선하기
- 비대면 화상 플랫폼인 ZOOM을 활용하여 답변 모습을 녹화한 다음, 부족한 점 개선하기
- 친구나 스터디원들과 번갈아 가며 모의 면접을 통해 연습하기

면접 준비 최종 단계에서 꼭 이 5가지 방법 중 하나 이상을 선택하여 연습해볼 것을 추천한다. 결국, 내가 답변하는 것을 객관화시켜서 스스로 확인하지 못한다면 절대 면접에서의 부족한 점을 개선할 수 없기 때문이다. 위 방법을 사용하면 불필요한 몸짓이나 행동, 추임새^{음, 아, 저} 등을 발견할 수 있다.

Do it - 셀프 모의 면접

실제로 동영상 촬영을 통해 자신의 답변 모습을 촬영한 다음, 아래 평가표에
맞게 점검해보며 부족한 점을 개선해보자.

1. 발성

항목	점수(5점 만점)	개선 사항
자신감		
발음의 정확도		
목소리 크기		
말하는 속도		
적합한 단어 사용		
내용 전달력(사투리, 정확성)		

2. 이미지

항목	점수(5점 만점)	개선 사항
두발 상태(눈썹,귀)		
표정		
복장		
걸음걸이		
기본자세		
시선 처리		
태도(경청,공감)		

3. 내용

항목	점수(5점 만점)	개선 사항
주제 적합성		
핵심 내용 제시		
직무/역할 이해도		
논리성(자연스러움)		
상황 대처 능력(임기응변)		
시간 준수(1분 이내)		

5

면접이 너무 자신 없다면?
동행면접서비스를 요청하자!

동행면접서비스를 이용하여 취업에 성공한 철수씨

철수씨는 약 1년 전에 남한에 온 북한이탈주민이다. 일용직을 거쳐 생산직 일자리를 알아보고 싶다고 하여 간단한 상담을 한 후, 이력서 작성 및 입사지원을 도와드렸다. 며칠 뒤, 한 제조업체에서 철수씨와 면접을 보고 싶다고 연락이 와서 문자로 철수씨에게 회사 위치와 인사담당자 연락처를 알려주었다. 그런데 갑자기 철수씨에게 전화가 왔다.

"저... 선생님... 제가 노가다 나가는 거 말고는 아직 지리도 잘 모르고, 여기까지 어째 찾아가야 할지 잘 모르겠습네다. 어째 좀 도와주실 수 있습네까…"

그래서 동행면접 서비스를 제공하기로 하였다. 면접에 합격하면 출퇴근도 해야 하기에 길을 익히는 차원에서 면접 당일, 철수씨 집 앞 버스정류소에서 만났다. 함께 버스에 올라 이런저런 면접 시 주의사항을 알려드렸고, 무사히 공장에 도착하여 면접을 시작하였다.

북한 싸나이 철수씨는 미리 면접 답변 요령을 알려드렸음에도 긴장하셨는지 단답형으로 무뚝뚝하게 대답하셨다. 그래서 결국 내가 나서서 철수씨의 과거 경력을 바탕으로 충분히 업무를 잘 수행할 수 있고, 남한에 와서도 지금까지 하루하루 성실하게 살아오셨다고 말씀드렸다. 인사담당자는 철수씨와 내 얼굴을 번갈아 쳐다보시더니 "좋은 대변인을 두셨네요."라고 껄껄 웃으며, 다음 주부터 출근하라고 말해주었다.

동행면접서비스

동행면접은 꼭 북한이탈주민이나 결혼이주여성처럼 특별한 경우에만 진행하는 서비스는 아니다. 실제로 경력단절 이후 거의 10년 만의 면접이라 너무 긴장한 40대 초반 여성분과 동행면접을 가본 적도 있고, 대학생임에도 불구하고 여러 가지 제도 설명을 위해, 또는 우수한 인재임을 보장하기 위해 동행면접을 가본 적도 있다. 그래서 정말 면접에 자신이 없거나 지원 사격이 필요할 경우, 취업유관기관 담당자에게 동행면접을 요청할 수 있다.

동행면접이란?
취업유관기관에 소속된 취업상담사가 구직자와 직접 동행하여 사업장을 방문하여 면접을 지원하는 것이다. 구직자에게는 심리적 안정감을 제공할 수 있으며, 구인업체에는 동행한 구직자에 대한 신뢰성을 보여줄 수 있다. 특히 기업에서 지원자에 대한 편견을 가질 수 있는 취업취약계층(장애인, 경력단절여성, 북한이탈주민, 결혼이주여성, 출소자 등)이 면접을 보러 가야 할 경우에는 지원자에 대한 '보증인'이 될 수도 있다. 그리고 대한민국 지리에 대한 이해도가 부족한 북한이탈주민, 다문화여성이나 스마트폰 지도 앱 사용이 어려운 어르신들은 유용하게 활용할 수 있다. 동행면접서비스의 경우, 먼저 취업유관기관에 회원가입 또는 구직등록을 해야 지원할 수 있으므로 미리 주변 동행면접서비스가 가능한 기관을 알아보고, 구직등록을 해놓는 것이 좋다.

동행면접 절차
1. 면접 일정이 정해지면 취업지원기관 직업상담사에게 동행면접 요청
2. 취업지원기관 직업상담사가 동행 면접 가능 여부를 업체 인사담당자에게 확인
3. 업체 인사담당자가 동행면접 승인하면 약속 시간 정함
4. 면접 시간 30분 전에 미리 도착하여 최종 면접 준비 사항 확인
5. 함께 사업장 방문하여 면접 진행
6. 면접 진행하면서 인사담당자를 포함한 조직 분위기, 작업 환경 등 살펴봄
7. 면접 종료 이후, 면접 과정에 대한 피드백 제공 및 향후 취업 준비 방향 의논

동행면접=동전의 양면

물론 동행면접서비스를 이용하는 것이 100% 유리한 것만은 아니다. 특히 면접 과정에서 함께 동행면접을 나갔던 직업상담사컨설턴트에게 지나치게 의존하는 경우, 인사담당자는 '이 지원자는 혼자서는 의사소통이 잘 안되는 분인가?'라는 오해를 할 수도 있다.

그리고 대기업이나 공기업 등 경쟁이 치열한 채용 분야에서는 형평성 등의 이유로 동행면접이 불가능하며, 어떤 기업은 회사 보안이나 외부인 출입 규정 등을 이유로 면접을 보는 당사자만 회사 안으로 들어오게 하는 경우도 있다. 따라서 미리 직업상담사를 통해 동행면접 가능 여부를 확인하는 것이 필요하다.

Do it - 동행면접서비스 신청하기

동행면접서비스에 대해 읽어보며, '나도 누군가가 동행면접을 해주면 좋을 것 같은데?'라는 생각이 들었다면 아래 질문에 답변을 작성해보고, 서비스를 요청해보자.

1. 동행면접이 필요하다고 생각하는 이유

2. 동행면접을 통해 얻고 싶은 것

3. 거주지 주변 동행면접 서비스 가능 기관 (취업유관기관 정보 확인)

4. 동행면접서비스 요청을 위한 사전 구직등록하기
   - 방문 예정 기관 :
   - 방문 예정 일시 :

5. 동행면접서비스 희망사항
   - 면접 예정 기업명 :
   - 면접 예정 일시 :
   - 면접 예정 장소 :

해 놓은 게
없는데, ·········

4장

직업훈련 한 번 받아볼까?

바로 취업 vs 직업훈련 수료 후 취업

직업훈련, 찾는 만큼 보인다!

직업훈련보다 고등학교 졸업장이 더 필요한 경우

1

바로 취업 vs 직업훈련 수료 후 취업

직업훈련 과정에 참여하여 역량을 키우는 민지 학생

민지 학생이 대학일자리센터를 찾아온 건, 경찰공무원 시험을 2개월 정도 남겨둔 3월이었다. 민지 학생은 경찰행정학을 전공하며 어느덧 4학년이 되었고, 얼마 남지 않은 경찰공무원 시험을 준비하고 있지만 불안감이 너무 커서 잠이 오지 않는다고 하였다.

"딱히 하고 싶은 것도, 잘하는 것도 없어서 공무원이나 해야겠다고 생각했지만 공무원이 되는 것도 쉽지 않고, 정말 이 길이 정말 맞는가 싶기도 해요."

상담 과정에서 민지 학생에게 특별히 공무원에 대한 강한 의지나 경찰이 되고 싶은 사명감 등이 느껴지지 않았다. 그래서 민지 학생의 흥미, 적성, 성격, 가치관 등을 종합적으로 파악하여 'SNS마케터'라는 새로운 직무를 추천해주었다. 민지 학생은 추천한 직무가 너무 마음에 든다고 하였고, 국민취업지원제도에 참여하여 필요한 역량을 키우고, 새롭게 취업 준비를 해보기로 하였다.

이후 'SNS온라인마케팅' 직업훈련 과정에 참여하게 된 민지 학생은 23년 만에 드디어 자신이 하고 싶은 일을 찾아서 설레는 마음으로 교육을 듣고 있다는 흐뭇한 카톡을 보내왔다.

> 국민취업지원제도
> 취업을 준비하는 국민들에게 취업 상담-직업 훈련-취업 알선을 원스톱으로 지원하고, 각종 수당을 통해 경제적 안정까지 지원하는 취업지원제도. 인터넷을 통한 온라인 신청이나 각 지역 고용센터, 국민취업지원제도 운영기관을 통한 방문 신청도 가능하다.

직업훈련이 취업에서 주는 긍정적 효과 3가지

1. 관련 자격증 취득을 통한 능력 입증

취업에 있어서 자격증은 매우 중요한 부분이지만, 생각보다 독학으로 자격증을 취득하는 것은 쉽지 않다. 특히 사회복지사, 간호조무사 등 실습 과정이 필수적으로 포함된 자격증의 경우에는 독학으로 자격증을 취득한다는 것은 거의 불가능에 가깝다. 그래서 직업훈련에 참여하여 직무에 필요한 능력도 키우고, 자격증까지 취득하는 것이 도움이 된다.

2. 관련 이론 및 실무 경험을 자기소개서나 면접에서 강조

간혹 자기소개서에 쓸 내용이 없거나 면접에서 할 이야기가 없다는 구직자를 만난다. 특별히 직무 관련 경험이 없거나 조용히 학교에서 공부만 했을 때 더욱 그렇다. 그럴 때 사용할 수 있는 경험/사례가 바로 직업훈련과정 참여 경험이다. 요즘 직업훈련과정은 대부분 NCS를 기반으로 실무 능력을 강화하도록 구성되어 있다. 그래서 단순히 앉아서 이론 수업만 듣는 것이 아니라, 함께 과제도 하고, 프로젝트도 진행하기 때문에 이러한 경험을 자기소개서나 면접에서 살릴 수 있다.

3. 성실함과 적극성을 보장

보통 직업훈련과정은 최소 한 달 이상 하루 4시간씩 주5일 동안 진행되는 경우가 많다. 그래서 직업훈련과정을 수료했다는 것만으로도 충분히 성실함을 인정받을 수 있다. 특히 북한이탈주민이나 결혼이주여성 등의 경우에는 직업훈련과정 수료를 대한민국 적응 정도를 보여주는 지표로 활용할 수도 있다. 대부분 직업훈련과정이 80% 이상 참여하지 않으면 수료가 되지 않기 때문에 매일 정해진 시간에 성실하게 직업훈련과정에 참여하여 수료증을 받았다는 것만으로 성실함을 담보할 수 있기 때문이다. 또한, 자기소개서나 면접 과정에서 장기간의 직업훈련 참여를 통해 대중교통 활용법이나 인근 지역의 지리를 익힐 수 있었다는 것을 강조하면 인사담당자들에게 신뢰감을 줄 수 있다.

직업훈련의 종류

고용노동부, 보건복지부, 여성가족부, 통일부 등 다양한 정부 부처에서 직업 훈련을 진행하고 있지만 가장 대표적인 고용노동부 주관으로 진행하는 직업훈련과정을 살펴보려고 한다. 상세 지원 비용과 한도는 해마다 변경되기 때문에 관련 직업 훈련을 인터넷에서 검색하여 알아보는 것이 정확하다.

국민내일배움카드 활용 직업훈련 *가장 일반적인 직업훈련 지원 방식

- 목적: 국민 스스로 직업능력개발훈련을 실시할 수 있도록 훈련비 지원
- 지원과정: 고용노동부로부터 적합성을 인정받아 훈련비 지원 대상으로
  공고된 훈련과정
  * 세부훈련정보는 직업훈련포털(www.hrd.go.kr)에서 직접 검색·확인 가능
- 지원대상 : 국민 누구나 신청 가능
  * 공무원, 자영업자, 대규모 기업종사자 등 지원 제외 대상자도 있으므로
  사전확인 필요

국가기간

- 전략산업직종 직업훈련 IT, 조선, 자동차, 기계, 무역·물류 등
- 목적: 국가의 기간산업 및 전략산업 등의 산업 분야에서 부족하거나 수요가
  증가할 것으로 예상하는 직종에 대한 직업능력개발훈련을 실시하여
  기업에서 필요로 하는 기술/기능 인력 양성·공급
- 지원대상; 실업자, 비진학 예정 고교 3학년 재학생, 대학 졸업예정자, 사업기간
  1년 이상이면서 연 매출 일정 금액 미만의 사업자, 특수형태근로
  종사자, 중소기업 노동자, 기간제, 단시간 노동자 등

디지털 핵심 실무인재 양성훈련 (K-Digital Training)

- 목적: 혁신적인 기술·훈련방법을 가진 기업-대학-민간 혁신기관을 통해 AI,
  빅데이터, 클라우드 등 디지털·신기술 분야 '미래형 핵심 실무인재' 양성
  ('21~25년까지 18만명)
- 지원과정: 한국기술교육대학교 직업능력심사평가원의 K-Digital Training
  심사를 거쳐 선정된 디지털·신기술 분야 훈련과정
- 지원대상: 대학 졸업자 등 구직자(청년 구직자 중심)
*국민내일배움카드를 발급받아 사용

K-디지털 기초역량훈련 (K-Digital Credit)
- 목적: 청년, 중장년 구직자 등이 디지털 역량 부족으로 노동시장 진입·적응에 어려움을 겪지 않도록 디지털 기초훈련 지원
- 지원과정: 빅데이터, 코딩 등 기초 디지털 영역부터 최근 등장한 메타버스까지 다양한 신기술 분야 및 직무융합과정을 초·중급 수준으로 구성하여 민간 혁신기관 중심으로 공급
- 지원대상: 국민내일배움카드를 발급받은 청년(구직·재직 여부 무관), 중장년(구직자)

일반고 특화 직업능력개발훈련
- 목적: 대학 진학이 아닌 취업을 희망하는 일반고 3학년생에게 맞춤형 직업 능력개발훈련 기회를 부여하여 노동시장 조기 진입을 촉진
- 지원과정: 직업능력심사평가원의 일반고 특화심사를 거쳐 '일반고 특화 직업능력개발훈련' 지원대상으로 공고된 훈련과정
*세부 훈련정보는 직업훈련포털(www.hrd.go.kr)에서 직접 검색·확인 가능
- 지원대상: 일반계고에 재학 중인 고 3학생

폴리텍대학 훈련
- 산업현장에 필요한 기능인력 양성을 실시하는 훈련
- 취업을 희망하는 청소년, 고학력 미취업자, 실직자, 중장년층, 경력단절여성 등 대상
- 종류
  1) 기능장 과정: 전공 분야 숙련 기능 보유자 대상, 신기술 및 생산관리 기법 교육
  2) 여성 재취업 과정: 경력단절여성 대상, 전문기술과정 통해 맞춤형 여성 인력 양성
  3) 베이비부머 과정: 베이비부머(63년생~55년생) 대상, 고령자 특화 직업 능력개발

- 문의: 한국폴리텍대학 032-650-6780
- 상세 내용: https://ipsi.kopo.ac.kr

일학습병행제
- 기업이 청년 등을 채용하여 체계적인 이론 및 실무교육을 제공하여
  직무 역량을 습득시키는 일터 기반 학습
- 대상
  1) 재학생: 특성화고 재학생, 대학 재학생
  2) 재직자: 일학습병행 참여기업에 취업한 신규입사자
            (입사 1년 이내, 나이, 학력 무관)
- 운영유형
  1) 재학생 단계: 도제학교, 유니테크, IPP형 등 장기 현장실습
  2) 재직자 단계: 공동훈련센터형, 단독기업형 등 훈련 종료 후 일반근로자로 전환
  3) 자격형, 대학연계형(자격+학위)
- 상세 내용: https://www.hrdkorea.or.kr
            사업소개>능력개발>직업능력개발훈련 지원>중소기업 학습조직화

이외에도 자세한 정보를 알고 싶으면 고용노동부 홈페이지에 접속하거나 고객상담센터 국번없이 1350 로 전화하면 된다. 각 직업 훈련은 명칭이나 지원내용이 변경될 수 있으므로 이 점을 유의해서 최신 정보를 확인할 필요가 있다.

Do it - 위 직업 훈련 중 나와 맞는 직업 훈련 조사해보기

나와 맞는 직업 훈련의 지원내용과 금액, 참여 방법, 관심 직업 훈련 과정 등을 정리해보자.

2

직업훈련, 찾는 만큼 보인다

직업훈련을 통해 디자인을 배워서 취업에 성공한 미영씨

미영씨는 대학 졸업 이후, 한 중견기업의 사무보조직으로 취업했다. 업무는 사무보조였지만 중견기업이었기 때문에 월급은 높은 편이었고, 싱실하고 사교성도 좋아서 계약 연장이 되었다. 이후 비교적 빠른 나이인 27살에 결혼을 하고, 2명의 아이를 연달아 양육하게 되었다. 그러다 보니 어느덧 나이는 30대 후반이 되었고, 과거 경력을 살려 중견기업 사무직에 도전했지만 나이 때문인지 서류에서부터 계속 탈락하였다.

그렇게 답답한 마음에 취업 상담을 받으러 온 미영씨에게 이렇게 말해주었다. "이전 경력을 살리는 것도 좋지만 자신만의 기술을 가지고 새로운 분야에 도전하는 것도 방법이 될 수 있습니다. 혹시 직업훈련을 통해 전문기술자격증을 취득해볼 생각은 없으실까요?" 미영씨는 당장 취업하고 싶은 마음이 굴뚝같았지만 이대로는 취업이 힘들 것이라고 생각하여 직업훈련을 받아보기로 하였다. 고교시절 미대 진학을 생각했을 정도로 미술 분야에 흥미와 적성이 높았다는 것을 반영하여 '디자인 분야' 직업훈련을 받기로 결정하였다.

2명의 아이 양육비가 만만치 않았기 때문에 걱정이 많았지만, 다행히 직업훈련비용을 지원하는 내일배움카드 발급 조건이 되었기 때문에 거의 100% 무료로 '편집디자인' 직업훈련과정에 참여할 수 있었다. 6개월이 지난 어느 날, 미영씨가 전단지, 리플렛, 출판물 등을 제작하는 출판편집회사에 디자이너로 취업했다는 소식을 들을 수 있었다.

무료 직업훈련 정보 찾기

고용노동부 국민내일배움카드 활용 직업훈련

- 목적: 직업능력개발훈련 비용을 지원하는 카드를 발급하여 취창업에 필요한 직무수행능력을 습득/향상시키고자 함
- 지원내용: 국민취업지원제도에 참여하여 직업훈련을 받을 경우, 교통비 명목의 수당 지급
 * 각 유형에 따라 약간의 자비 부담이 있을 수 있음
- 세부정보: http://www.hrd.go.kr 직업훈련 희망 지역 및 직종 검색 가능

여성가족부 여성새로일하기센터 직업훈련

- 목적: 구인 수요가 높은 취업 직종에 대한 직업교육훈련을 제공하여 경력단절여성의 취업역량 강화 지원
- 지원내용: 직무 태도 및 직업 적응 능력 제고를 위한 직무소양 교육, 이력서 작성법, 모의 면접 등 구직 스킬 향상을 위한 취업 준비 교육, 직무 수행을 위한 직업전문 교육 등
 *경쟁이 치열한 과정의 경우, 상담·면접 등의 절차를 통해 훈련생 선발
- 세부정보: https://saeil.mogef.go.kr 직업교육훈련> 직업교육훈련신청 접속하여 직업훈련 희망 지역 및 직종 검색 가능

한국장애인고용공단 직업능력개발원

- 목적: 장애인의 직업 능력을 향상시켜 보다 나은 일자리를 선택하게 함으로써 안정된 직업생활이 가능하도록 함
- 주로 기숙형으로 운영되기 때문에 장애인들의 집중적인 직업훈련 가능
- 훈련기관 및 훈련내용

훈련기관	주요 훈련 직종	전화번호
일산직업능력개발원	· 스마트전력전자, 융합소프트웨어, 컴퓨터그래픽스디자인, 전자출판, 귀금속가공, 주얼리 CAD 등	031-910-0800
부산직업능력개발원	· 지능형시스템, 스마트메카트로닉스, 디지털건축설계, 소프트웨어개발, 디지털콘텐츠디자인, 제과제빵 및 바리스타 등	051-726-0321
대구직업능력개발원	· 3D기계설계, 경영회계, 전자제어회로설계, 반도체디스플레이, 지능형로봇제어, 컴퓨터그래픽스디자인, 전자기기, 영상편집디자인 등	053-550-6000
대전직업능력개발원	· 3D프린팅, CADCAM, 빅데이터 개발, 반도체디스플레이, 소프트웨어개발, 전산사무행정, 전자기기, 컴퓨터그래픽스디자인, 외식응용제빵, 디지털콘텐츠디자인 등	042-366-5412
전남직업능력개발원	· 스마트전력전자, 드론조종, 3D프린팅, 금형디자인, 디지털콘텐츠디자인, 소프트웨어개발, 전산사무행정 등	061-956-8100

- 세부정보: https://www.kead.or.kr

통일부 북한이탈주민지원재단 직업훈련

- 목적: 북한이탈주민의 취업역량 강화를 통한 안정적인 대한민국 정착 지원
- 종류

1) 북한이탈주민 청년 취업 지원

   : 취업역량교육(자기소개서, NCS, 인적성 검사, 면접) 제공

2) 취업 바우처

   : 취업에 필요한 직업교육 받을 수 있도록 바우처 카드 형식의 교육비 지원

3) 취업연계형 과정

　　: 여성 선호분야, 기술 분야 등 실무교육 중심 지원

4) 지역하나센터 연계 취업지원 프로그램

　　: 지역 특성을 반영한 직업훈련과정 운영

- 세부정보 : 북한이탈주민 종합상담 콜센터 1577-6635 전화하여 확인 가능

구청 직업훈련

- 목적: 지역 구민들의 직업능력개발을 위한 직업훈련 과정 운영

- 주로 각 구청 일자리 경제 관련 부서나 평생교육 관련 부서에서 진행함

- 지역 특성과 연령층에 맞춘 교육 과정이 운영되며 상시로 운영되기보다는 연 1~2회 제한적으로 운영되기 때문에 수시로 구청 홈페이지 확인 필요

- 세부정보: 거주지 관할 구청 홈페이지 → "일자리/교육" → "공지사항"

대학일자리플러스센터

- 대학생들의 취업역량 강화를 위한 다양한 직업훈련과정이 운영되고 있음

- 많은 대학이 재학생 이외에도 지역 청년들이 참여할 수 있는 프로그램을 많이 개설하고 있으므로 거주지 인근에 있는 대학교 소속의 대학일자리플러스센터에 방문하여 지원 내용을 확인할 수 있음

- 직업훈련 이외에 취업 상담, 자기소개서 첨삭, 면접 지도 등 취업지원 서비스 무료 제공

- 세부정보 : https://www.work.go.kr 홈 > 청년 > 청년정책 > 우리학교 취업지원실에 접속하여 거주 지역의 대학일자리플러스센터 위치와 연락처를 확인

직업훈련을 알아볼 때, 취업 상담도 같이 받아야 하는 이유

직업훈련을 받기 전에 단순히 '이쪽 분야가 전망 있다고 해서', '취업이 잘된다고 하니까' 등의 막연한 이유로 직업훈련 분야를 선택하는 사람들이 많다. 하지만 직업훈련과정 수료 이후 취업까지 생각하지 않고 직업훈련을 받는다면 시간 낭비만 할 수 있다. 그래서 직업훈련과정 수료 이후, 구체적인 취업 분야와 근무 조건, 취업 가능성까지 세세하게 검토한 이후에 직업훈련과정을 선택해야 한다.

실제로 개인 사정으로 주말 근무가 힘든 상황인데 서비스직, 요식업 분야, 병원 등 통상적으로 주말 근무가 필수인 직종의 직업훈련에 참여하거나, 조리, 제과제빵, 미용, 식음료, 안내원, 가이드 등 생각보다 체력적인 부담이 큰 분야가 있다. 아니면 사회복지사나 직업상담사처럼 표면적으로는 사람을 상대하고 상담 및 복지서비스를 제공하는 업무인 것 같지만, 실제적으로는 각종 행정 업무가 많은 분야도 있다. 따라서 직업훈련과정 수료 이후 막연하게 취업 분야를 생각하지 말고, 구체적으로 취업 이후의 근무 환경이나 작업 조건까지 확인이 필요하다.

직업훈련 다 받고, 자격증 못 따면 어떡하죠?

직업훈련과정은 대부분 자격증 취득을 목표로 진행되는 경우가 많다. 다시 말해, 자격증을 취득하지 못하면 결국 취업까지 연결되기가 매우 힘들다는 의미이다.

하지만 자격증을 취득하지 못했다고 전혀 무의미한 경험이 되는 것은 아니다. 최근에는 많은 직업훈련과정이 NCS를 중심으로 '실무 관련 역량'을 키우기 위해 노력하고 있다. 그러므로 자기소개서를 작성시 또는 면접 준비를 할 때, 직업훈련과정에서 실습하거나 프로젝트를 수행했던 경험을 강조하는 것이 좋다. 요즘 채용 경향은 자격증 소지 여부도 중요하지만, 실무 경험을 더욱 중요하게 생각하는 추세이기에 직업훈련 도중에 진행한 실습, 프로젝트, 과제 등의 사진을 찍어서 포트폴리오로 만들어 두는 것이 좋다.

Do it – 직업훈련과정 조사하기

관심 있는 분야의 기관(구청, 정부부처, 공공기관, 대학일자리플러스센터 등)의 직업훈련과정을 정리해보자.

항목	관심 분야 1	관심 분야 2	관심 분야 3
관심 직업훈련 이름			
평균 훈련 기간			
평균 훈련 비용			
직업훈련수료 이후 취업 분야			
취업 분야의 장점			
취업 분야의 단점			

※ 경력단절여성, 장애인, 북한이탈주민 등 참여 자격이 제한적인 직업훈련과정들도 있기 때문에 자세한 정보를 알아볼 필요가 있다.

3

직업훈련보다 고등학교 졸업장이 더 필요한 경우

"장애인이라서 안 뽑는 걸까요? 중학교만 졸업해서 안 뽑는 걸까요?"
이래저래 서러운 상구씨

지적장애를 가지고 있는 상구씨가 일자리센터로 찾아왔다. 겉으로 보기에는 아무 문제가 없어 보였지만 지적장애로 판정받았기에 장애인 우대 일자리를 소개해달라고 하였다. 그리고 상구씨는 학창 시절, 친구들과의 관계 문제로 자퇴를 했기 때문에 현재 학력이 중졸이라고 말했다.

그래서 의무적으로 장애인을 채용해야 하는 공공기관 중심으로 채용정보를 확인하였다. 공공기관의 경우, 대부분 블라인드 채용이기 때문에 학력이 큰 문제가 되지 않을 것이고, 장애인의 경우 가산점도 있어서 희망을 가지고 이곳저곳 입사지원을 해보기로 하였다. 더구나 상구씨는 ITQ자격증도 보유했고, 사무보조 아르바이트 경험도 있었기 때문에 상대적으로 쉽게 취업이 될 것으로 생각했다. 하지만 6개월이 흐른 뒤, 다시 일자리센터에 찾아온 상구씨는 10군데 이상 입사 지원을 했으나 아직 한 번도 서류합격을 하지 못했다고 하였다.

이후, 채용박람회에서 한 공공기관 직원과 면담을 하면서 이런 이야기를 듣게 되었다. 공공기관은 블라인드 채용이기 때문에 어떤 학교를 나왔는지는 알수 없지만, 최종학력은 알수 있다는 것이었다. 물론 중학교만 졸업했다고 일을 못하는 것은 아니지만 25~64세 성인 중 대졸자 비율이 50% 이상인 대한민국 사회에서 고등학교를 졸업하지 않았다는 것은 인사담당자에게 부정적인 이미지를 준다는 것이다.

공공기관 인사 담당자가 이렇게 생각하는데 민간기업은 학력에 대한 편견이얼마나 심할까? 물론 '능력중심사회'로 변하고 있어 학벌이나 대졸/고졸 여부에 따른 채용 여부는 다소 줄어든 것이 사실이지만, 채용공고에서 아직도 '고졸' 이상의 학력 조건을 명시한 기업들이 많다. 그러므로 다양한 제도를 활용해서 고졸 검정고시를 통해 학위를 취득하거나 대안학교 등을 통해 고졸 학위는 받는 것이 취업에 유리하다.

검정고시 지원 제도

국가평생교육진흥원은 저학력 학습자의 성장을 지원하기 위해 검정고시지원센터를 운영하고 있다. 그리고 검정고시지원센터는 지역 내 기관들과 연계하여 '검정고시 교육기관'을 통해 검정고시강좌를 들을 수 있도록 제공한다.

초졸/중졸/고졸 등 교과 수준을 나누어서 진행하고 있고, 요일이나 시간대에 맞추어 교육을 운영하고 있어서 개별 일정에 맞추어 검정고시를 준비할 수 있다.

그뿐 아니라, 검정고시 준비에 필요한 각종 자료도 무료로 제공하기 때문에 검정고시를 통해 학위 취득이 필요한 사람이라면 적극 활용하기를 추천한다.

검정고시 지원 교육기관 확인 : 검정고시지원센터
www.gumsi.or.kr

고등학교 검정고시 합격한 김에 대학 진학까지 고민한다면?

검정고시를 통해 '고졸' 학위를 취득했다면 공부한 김에 대학 진학까지 생각해볼 수 있다. 물론 요즘에는 '학점은행제', '사이버대학' 등을 통해 온라인으로 '대학' 학위까지 취득할 수 있다. 그럼에도 실제 대학에 입학하여 오프라인 대학 생활을 희망한다면 아래 사이트를 활용하면 도움이 될 것이다.

대학 입학 정보 포털 : 어디가
www.adiga.kr

한국대학교육협의회에서 운영하는 사이트이며 진로정보, 대학/학과/전형 정보, 성적분석 서비스까지 무료로 제공하고 있다. 특히 다음 서비스를 통해서 집중적으로 상담을 받을 수 있기 때문에 적극 활용하기를 추천한다.

대입상담교사단

17개 시도교육청의 추천을 받은 진학지도 경력 10년 이상의 진로진학교사 370명으로 구성

상담전문위원

한국대학교교육협의회 소속, 온라인 대입상담

대학생 전공멘토단

전국 대학 입학처의 추천으로 선발. 온라인 전공상담

상담 신청 방법

- 온라인 : http://www.adiga.kr > 대입상담 > 온라인대입상담 > 상담신청
- 전화상담 : 1600-1615 전화를 통한 실시간 상담

Do it - 검정고시 지원 정보 알아보기

희망과정(초졸/중졸/고졸 검정고시), 기관명, 위치, 교육 기간, 교육 내용, 특징/장단점 등을 정리해보자.

희망 과정	
기관명	
위치	
교육 기간	
교육 내용	
특징/장단점	

희망 과정	
기관명	
위치	
교육 기간	
교육 내용	
특징/장단점	

출근은
처음인데, ------

5장

뭐부터
---- 해야 하지?

꼭 알고 있어야 할 비즈니스 매너 6가지

전화 받는 게 무서워요

근로계약서 작성하기

'사회생활 vs 눈치보기' - 직장 내 스트레스 관리

1

꼭 알고 있어야 할 비즈니스 매너 6가지

첫 출근 전날, 도무지 잠이 오지 않는 민정 학생

"쌤…. 주무세요? 저 내일 첫 출근인데 과연 잘할 수 있을지 너무 무서워서 연락드렸어요. 저는 공기업 가려고 아르바이트도 한번 안 해보고 공부만 했거든요. 그런데 처음 회사 가면 인사는 어떻게 해야 하는지, 사람들은 뭐라고 불러야 하는지, 상사분이랑은 어떤 이야기를 해야 하는지 하나도 모르겠어요. 회사는 학교랑 다를 것 같은데 어떻게 하면 좋을까요?"

특성화고 전형으로 공기업에 합격한 민정 학생이었다. 먼저 너무 걱정하지 않아도 상사분들이 하나하나 잘 알려주실 테니 너무 걱정하지 말라고 민정 학생을 안심시키고 궁금해하는 비즈니스 매너를 간단하게 설명해주었다. 설명을 듣고 나서야 민정 학생은 조금 안심이 되었는지 정말 감사하다고 말하고는 전화를 끊었다. 이후 민정 학생은 동기들과 잘 어울리고 상사에게도 인정받으며 일을 잘하고 있다고 소식을 전해주었다.

직장이나 아르바이트 경험이 있어서 잠깐이라도 사회생활을 경험한 사람에게는 너무 당연한 내용이 사회초년생에게는 매우 어려울 수 있다. 기업에서 최종합격 통보를 받은 후 아래 내용을 숙지하고 출근한다면, 훨씬 빠르게 회사 생활에 적응하고, 회사에서 인정받는 신입사원이 될 수 있을 것이다.

꼭 알아두면 좋은 비즈니스 매너 6가지

인사 예절

- 상대방이 멀리서 다가올 때 : 상대방이 나를 인지할 정도의 위치에 오면 인사말을 먼저 하고, 몸을 굽혀 인사
- 앉아서 인사할 때 : 앉은 자세에서 15도로 굽혀서 인사
- 전화통화 중일 때 : 눈으로만 인사
- 인사를 생략해도 괜찮을 때 : 회의 또는 교육 중일 때, 상사의 결재 중일 때, 중요한 상담이나 미팅 중일 때
- 외출 시 : 목적, 장소, 귀가 시간 등을 구체적으로 알리고, "다녀오겠습니다." 라고 인사
- "수고하세요"는 윗사람이 아랫사람에게 사용하는 인사이므로 윗사람에게 하지 않음

악수 예절

- 악수를 권하는 순서 : 손윗사람 → 손아랫사람, 상급자 → 하급자, 여성 → 남성, 기혼자 → 미혼자, 고객 → 직원

- 상대방의 눈을 마주 보며 미소를 지음
- 간단한 인사말로 자신을 소개하고, 엄지를 세우고 비스듬히 오른손을 내밈
- 적당한 힘으로 손을 마주 잡고 2~3회 흔들어 줌

명함 예절

- 평소 명함은 명함지갑에 보관하거나 남성은 상의 안주머니, 여성은 핸드백에 보관
- 방문자 또는 아랫사람이 먼저 전달
- 자신의 소속과 이름을 이야기하며 두 손으로 명함의 여백을 잡고, 받는 사람이 읽을 수 있는 방향으로 전달
- 명함은 선 자세로 가슴 높이에서 건넴
- 명함을 동시에 주고받는 경우 : 오른손으로 주고, 왼손으로 받은 후 바로 오른손으로 명함을 받쳐 들어야 함

호칭 예절

- 상사에 대한 호칭 : 성 + 직급 + 존칭 (박사장님, 김과장님, 이부장님 등)
- 동료에 대한 호칭 : OOO 선생님, OO(이름)님(나이가 많을 경우), OO(이름)씨(동년배)
- 장소에 대한 호칭 : 직급 + 존칭생략 + 실 (센터장실, 사장실)
- 문서상에서는 직급 뒤에 '님'은 제외 (사장 특별지시)
- 경어는 사람에게만 사용하고, 물건에게는 사용하지 않음
  예: 사장님 가방이십니다 (X) 사장님 가방입니다 (O)

옷차림

- 남성 : 가장 아래 단추는 채우지 않고, 품은 단추를 채웠을 때 가슴 앞부분을 앞으로 당겨서 주먹이 들어갈 정도가 좋음. 셔츠 소매는 양복 상의 소매 밖으로 1~1.5cm 나오는 것이 이상적. 바지 길이는 걸을 때, 양말이 보이지 않을 정도의 길이
- 여성 : 속옷이 비치지 않아야 함. 비즈니스 정장 스커트는 무릎 정도의 길이가 적당. 비즈니스 도중에는 하절기에도 스타킹 착용

대화 예절

- 모두가 참여할 수 없는 주제는 피해야 함
- 날씨, (정치, 종교 등과 무관한) 뉴스나 그 날의 이슈가 좋음

Do it - 상황에 맞는 비즈니스 매너 생각해보기

다음 상황에 어떻게 대처할지 생각해보자.

Q. 처음 사무실에 들어가며 어떻게 인사할까?

Q. 사장님/직속 상사가 악수를 청하면 어떻게 악수해야 할까?

Q. 사장님/직속 상사가 명함을 주면 어떻게 받아야 할까?

Q. 업무 도중 모르는 것이 있을 때, 옆에 앉은 상사를 어떻게 불러야 할까?

Q. 첫 출근 복장은 어떻게 준비할까?

Q. 점심시간, 어색한 분위기 속에서 어떤 이야기를 건네야 할까?

2

전화 받는 게 무서워요

힘겹게 입사한 공공기관에서 3일 만에 퇴사한 윤정씨

윤정씨는 전문대 회계학과를 졸업하고, 취업이 잘되지 않아 일자리센터를 방문하였다. 윤정씨는 초기 상담 과정에서 꼭 필요한 이야기 말고는 거의 하지 않았고, 모든 질문에 단답형으로 답변하였다. 그 정도로 낯가림이 심했기 때문에 면접 전형에서 대부분 탈락했다고 하였다. 그래서 실전 모의 면접을 통해 윤정씨의 부족한 점을 확인하였고, 꼭 필요한 부분은 제대로 어필할 수 있도록 컨설팅을 해주었다. 윤정씨는 다섯 번의 면접 끝에 가까스로 한 공공기관 회계 담당자로 입사할 수 있었다.

윤정씨가 입사한 공공기관은 사회복지 분야 공공기관이었고, 윤정씨가 입사한 날부터 기관에 3일 동안 행사가 있어서 사무실에는 윤정씨와 사회복지사 1명만 남아있게 되었다. 센터를 찾아오는 방문자가 많아 사회복지사가 상담하는 동안 걸려오는 전화를 받는 것은 윤정씨의 몫이었다. 하지만 평소에도 내향적인 윤정씨가 입사 첫날부터 자연스럽게 전화 응대를 하기란 매우 힘든 일이었다.

결국, 입사 이후 3일 동안 회계 업무는 거의 손도 못 대고, 악성 민원인의 전화까지 받으며 전화 업무에만 시달린 윤정씨는 사직서를 쓴 뒤 다음 날부터 출근하지 않았다고 한다. 그리고 일주일이 지나고 카톡을 보내왔다. "선생님, 저 지난번 갔던 회사 그만뒀어요. 다시 일자리 알아봐야 할 것 같아요."

전화 응대 방법

직무에 따라 다르지만, 신입사원으로서 가장 힘들었던 게 무엇이라고 묻는다면 '전화 응대'라고 답하는 사람이 많을 것이다. 나 역시 전화를 받을 때도 미리 적어놓은 전화 응대 대본을 보면서, 최대한 내용을 다 메모하면서 전화를 받았고, 전화를 걸기 전에는 미리 대본을 만든 이후에 전화를 걸었던 기억이 난다.

그래서 출근 이전에 기본적인 전화/이메일 업무 방법을 숙지하고 간다면 업무에 빠르게 적응할 수 있고, 전화나 이메일 업무가 아닌, 좀 더 본질적인 업무에 집중할 수 있을 것이다.

전화 받을 때

- 기본적으로 전화벨이 3번 이상 울리기 전에 받아야 함
- 전화를 받을 때는 소속과 성명을 함께 밝힘
- 담당자가 부재중일 경우, 부재중인 이유를 설명하고, 전화 걸려온 사람의 '소속 / 이름 / 전화번호 / 용무'를 메모하여 전달해주어야 함.
- (잘 듣지 못했을 경우) "죄송합니다만, 다시 한 번 말씀해 주실 수 있을까요?"
- (통화 중 갑자기 전화가 끊어지면) 받은 사람이 다시 건다.

- (전화를 돌려줘야 하는 경우) "아! OO 담당자 말씀이시죠? 곧 담당자 연결해 드릴 테니 잠시만 기다려주실 수 있을까요?"
- 메모의 생활화 : 회사명, 이름, 일시, 장소, 주요 내용 등을 상대방이 이야기하는 대로 따라 읽으며 메모하기

전화 걸 때

- 전화 걸기 적절한 시간대인지 먼저 판단하고 걸어야 함
- 연결되면 자신의 소속과 이름을 밝힘
- 다른 사람이 받았을 때 "죄송하지만, OO팀, OO님 연결해주실 수 있을까요?"라고 정중하게 이야기해야 함

회사 조직도와 주요 사업 정리하기

출근해서 가장 먼저 해야 하는 일 중 하나는 회사 조직도와 주요사업 담당자를 숙지하는 것이다. 그래야 갑자기 전화를 받더라도 적절하게 필요한 안내를 할 수 있고, 담당자에게 정확히 전화를 돌려줄 수 있기 때문이디. 그뿐만 아니라, 회사에서 진행하는 주요 프로젝트나 주요 거래처 등을 빠르게 숙지한다면 회사 생활 적응에 큰 도움이 된다.

이메일 발송 예절

전화 못지않게 소통을 위해 많이 활용하는 것이 바로 이메일이다. 그러나 회사에서 이메일을 보낸 경험이 없는 사회초년생일 경우, 이메일 발송에서 예의를 지키지 않아서 회사의 이미지를 손상시키는 경우가 종종 있다. 그래서 회사마다 이메일 발송 매뉴얼이나 규정이 있기도 하다. 다음은 가장 일반적으로 작성하는 이메일 작성법이다.

- 제목에는 회사명과 주요 용건을 표기한다.

- 시작은 인사와 자기소개로 시작한다.

- 본문은 될 수 있으면 개조식으로 작성한다.

- 마무리는 요청/회신 기한을 지정하여 정중하게 작성한다.

- 마지막에는 고마움을 표현하는 문장을 적는다.

- 이메일 하단부에 소속, 이름, 연락처 등을 표기하거나 명함을 넣는다.

이메일 예시

제목	[OO센터] 9/30(금) 채용박람회 참석 확인 요청드립니다.
내용	안녕하십니까. OO센터에서 청년 취업을 담당하는 OOO입니다. 본격적인 채용 시즌이 다가오면서 OO기관의 업무도 바빠지실 것 같습니다. 이렇게 연락을 드리는 이유는 다름 아니라, 다음 달에 있을 채용 박람회에 참석할 수 있으신지 확인하기 위함입니다. - 일시 : 2022년 9월 30일 (금) 오후 2시~5시 - 장소 : 벡스코 제1전시장 - 내용 : 기관 소개 및 참여 구직자 상담 바쁘시겠지만 일정과 장소 확인해 보시고, 참석 가능 여부를 9월 16일(금) 오전까지 알려주시면 행사 운영에 차질이 없을 것 같습니다. 추가로 궁금한 사항이 있으면 아래 연락처로 연락 주십시오. 긍정적으로 검토해주시길 바라며, 일교차가 큰 날씨에 건강 잘 챙기십시오. 감사합니다. OO센터 / 청년취업팀 / 선임컨설턴트 유성열 (02-1111-1111)

Do it - 전화 받고, 걸기 연습

다음 상황을 가정하고 전화 받기/걸기 연습을 해보자.

상황 1. 담당자에게 전화를 돌려주어야 하는 상황

상황 2. 담당자가 부재중인 상황

상황 3. OO팀 OO담당자와 통화해야 하는 상황

3

근로계약서 작성하기

사장님이 근로계약서를 안 써주는데 어떡합네까

"저 박성희라고 합네. 사장님이 노동법도 잘 안 지키는 것 같고, 출근한지 3일이 지났는데 근로계약서도 안씁네. 어뜨케 해야겠습네까?"

북한에서 온 성희씨는 식당 정규직으로 취업하여 일하게 되었다. 그런데 기존 근무 시간보다 2시간씩 더 근무해도 연장 수당을 챙겨준다는 말도 없고, 하나원에서 출근하면 바로 근로계약서부터 써야 한다고 배웠는데 근로계약서 언제 쓰냐고 물으니까 "이런 식당에서는 그런 거 잘 안 쓴다."라는 이야기를 들었다고 한다. 찝찝한 마음에 근로계약서를 써달라고 사장님께 재차 이야기 하였지만, 사장님은 일단 알아보겠다고 하고는 며칠이 지나도록 계약서 작성을 미루었다고 한다.

원칙상으로는 신고의 대상이고, 사업주는 벌금까지 내야 할 수도 있었지만 성희씨가 어렵게 정규직으로 취업이 되었기 때문에 너무 원론적으로 접근하기보다는 일단 일주일만 기다려보자고 하였다. 다행히 사장님은 출근한 지 일주일이 되는 날 성희씨를 불러 근로계약서를 썼다고 한다. "식당은 워낙 일을 조금 하다가 힘들면 그만두는 사람이 많아서 일주일 정도는 지켜보려고 미루고 있었습니다."라고 변명을 하면서.

노동법

'노동법'이란 근로조건의 기준을 법으로 정한 것을 의미한다. 일반적으로 사업주 ^{사장님}가 직원을 채용하고, 업무를 지시하며, 그에 따른 보수를 지급하기 때문에 근로자로서 불리한 상황에 놓이는 경우가 많다. 그래서 법으로 근로조건의 기준을 정해놓고, 그 기준에 미달하는 근로계약이 발생하면 사업주에게 처벌을 내리는 것이다.

근로조건과 관련하여 가장 살 실펴보이야 히는 것은 임금 ^{급여}, 근로시간, 휴일/휴가, 퇴직/해고, 산업안전, 재해보상 등이다. 각 사항은 모두 법으로 명시되어 있기 때문에 각 사항의 주요 특징과 기준을 살펴보며 나의 근로계약과 비교해보도록 하자.

최저임금	금액은 매년 바뀌며 합의가 있더라도 최저임금 이하는 무효
법정 근로시간	1일 8시간, 1주 40시간
	주당 법정 근로시간 52시간(기본근로 40시간+연장근로 12시간)
	*추후 변동 가능
연장근무, 야간 근무(오후 10시~ 새벽 6시), 휴일 근무	통상 임금의 1.5배 지급
유급 휴일	일주일 중 1일

연차유급 휴가	1개월 만근 시, 1개 발생
	1년 근무 시, 15일 발생
	2년당 1일씩 가산
	* 미사용 시, 통상 임금으로 보상
퇴직금	1년 이상 근무한 근로자 대상
	- 지급방식 = 퇴직금 or 퇴직연금
	- 지급금액 = 최근 3개월의 평균임금(월급) X 근속년수
	- 지급일 = 근무종료일로부터 14일 이내 의무 지급
	(미지급 시, 지연이자 연 20%)
해고	5인 이상 사업장의 경우, 정당한 사유가 있어야 해고가 가능
	해고 통지는 서면(종이)으로 교부 의무
	모든 사업장은 해고 1개월 전 해고 예고를 해야 하며,
	그렇지 않으면 1개월분의 통상임금을 지급해야 함
4대보험	• 국민연금: 노후 대비 자금 마련을 목적으로
	근로소득이 있는 경우, 의무 가입
	• 고용보험: 실직이나 휴직을 대비하여 적립,
	최소 가입 기간이 6개월 이상 되어야 실업급여
	지급 가능. 자발적 퇴직 시, 실업급여 미지급
	• 건강보험: 국민 건강 증진 위한 보험서비스 제공,
	의료비 지원 목적
	• 산재보험: 직장에서 다치거나 사망 등 사고 발생 시,
	각종 치료비와 사망보험금 지급 목적
	산재보험금은 사업주가 전액 부담
	※ 근로기준법을 포함한 노동법은 계속 개정되므로 최신 법령을 찾아봐야 함

근로계약서 작성하기

　근로계약은 서면^{종이} 으로 작성해야 하며, 사업주는 근로자와 근로계약서를 작성하여 각자 보관하여야 한다. 위반 시, 500만 원 이하 벌금

근로계약서 작성(예시) *출처 : 고용노동부

표준근로계약서 (작성방법)

현빈(이하 "사업주"라 함)과(와) 손예진(이하 "근로자"라 함)은 다음과 같이 근로계약을 체결한다.

1. 근로계약기간 : 2022년 9월 1일부터 2023년 8월 30일까지
   ※ 근로계약기간을 정하지 않는 경우에는 "근로개시일"만 기재
   ☞ **노사가 협의하여 결정한 일을 하기로 한 기간**

2. 근무장소 : OO센터 (서울특별시 마포구 OO대로 6층)
   ☞ **일을 수행하기 위한 장소를 정확하게 명기**

3. 업무의 내용 : 청년층 직업 상담 및 취업지원서비스 제공, 취업프로그램 기획 및 운영
   ☞ **명확한 업무 내용을 기재**

4. 소정근로시간 : 09시 00분부터 18시 00분까지 (휴게시간 : 12시 00분~13시 00분)
   ☞ **노사가 법정 근로시간 내(하루 8시간, 주 40시간)에서 하루에 몇 시간을 일할지 정한 시간**
   ☞ **휴게시간은 4시간 근무에 30분, 8시간 근무에 1시간 이상을 주도록 기재함**

5. 근무일/휴일 : 매주 5일(또는 매일 단위) 근무, 주휴일 매주 일요일
   ☞ **일주일 중 어떤 날에 근무할지를 명기하며, 주중 근무하기로 한 날을 만근하였을 경우 부여하는 유급 휴일(주휴일)을 어느 요일로 할지 결정하여 명기**

6. 임금
   - 월(일, 시간)급 : 월급 2,000,000원
   ☞ **임금을 시간급으로 정할지, 주급으로 정할지, 월급으로 정할지 결정하여 그 금액 명기**

- 상여금 : 있음 ( ) _____ 원, 없음 (○)
- 기타급여(제수당 등) : 있음 (○), 없음 ( )
- 정액급식비 월 100,000원, _____ 원
☞ **가족수당, 자격증 수당 등 지급하기로 한 수당이 있으면 해당 내용에 대해 기재**
- 임금지급일 : 매월(매주 또는 매일) 10일(휴일의 경우는 전일 지급)
☞ **임금을 매월 언제 지급할 것인지에 대해 기재**
- 지급방법 : 근로자에게 직접지급( ), 근로자 명의 예금통장에 입금 (○)
☞ **임금을 계좌로 지급할 것인지 등에 대해 노사 간 협의 후 기재**

7. 연차유급휴가
- 연차유급휴가는 근로기준법에서 정하는 바에 따라 부여함
☞ **① 1년간 총 소정 근로일의 80% 이상 출근자에게 15일 부여,**
   1년 초과 매 2년마다 1일씩 가산, 한도 25일
   ② 1년 미만 또는 1년간 80% 미만 출근자에게 1개월 개근시 1일 부여

8. 사회보험 적용여부(해당란에 체크)
   ☐ 고용보험   ☐ 산재보험   ☐ 국민연금   ☐ 건강보험
☞ **사회보험 적용에 대한 해당 내용을 기재**

9. 근로계약서 교부
- 사업주는 근로계약을 체결함과 동시에 본 계약서를 사본하여 근로자의
  교부요구와 관계없이 근로자에게 교부함(근로기준법 제17조 이행)

10. 근로계약서 교부
- 사업주와 근로자는 각자가 근로계약, 취업규칙, 단체협약을 지키고 성실하게
  이행하여야 함

11. 근로계약, 취업규칙 등의 성실한 이행의무
- 이 계약에 정함이 없는 사항은 근로기준법령에 의함

2023년   9월   1일

(사업주) 사업체명 : OO취업센터 (전화 : 02-1111-1234)
         주소 : 서울시 마포구 OO대로 6층
         대표자 : 현빈   (서명)   현빈

(근로자) 주 소 : 부산시 금정구 중앙대로 123, OO아파트 123동 456호
         연락처 : 010-1234-5678
         성명 : 손예진   (서명)   손예진

예시에 나와 있는 근로계약서가 가장 일반적인 형태이다. 위 근로계약서를 토대로 사장님 또는 인사담당자와 면담을 하고, 계약 내용을 확인한 후 계약서를 작성하면 된다.

근로계약 위반 시, 대처방법

법률적인 다툼이 있을 때, 가장 먼저 변호사를 선임하듯이 노동법과 관련하여 법적인 문제가 생겼을 때, 찾을 수 있는 전문가가 바로 노무사다. 하지만 노무사도 변호사처럼 비용을 지불해야 사건을 해결해주기 때문에 일단 무료로 노동법 관련 상담이나 문제해결을 도와주는 국가기관을 찾아가는 것이 좋다.

그곳이 바로 '고용노동청'이다. 물론 상담을 주로 하는 기관이 아니기에 문제해결을 지원해주지는 않지만, 노동법과 관련된 문제가 생겼을 때 어떻게 신고를 하고 어떻게 문제를 해결해나가야 하는지 알려준다.

> **고용노동청**
> 고용노동부 산하 기관으로 총 6개의 지방청 및 40개의 지청이 있음.
> 임금 체불 또는 최저임금 미달 등 사업주가 노동관계법령을 위반하였을 경우,
> **진정** 국가 또는 지방공공단체에 사정을 진술하고 어떤 조치를 희망하는 일 을 넣을 수 있음.

그리고 만약 실제로 노무사를 선임하여 문제를 해결해야 할 정도로 심각한 상황이라면 노무사를 선임하여 법률적인 문제를 해결해나가야 한다.

Do it - 표준근로계약서 작성해보기

사장님과 실제로 계약서를 작성하기 전, 미리 예시를 보며 작성해보자.

표준근로계약서

_____(이하 "사업주"라 함)과(와) _____(이하 "근로자"라 함)은 다음과 같이 근로계약을 체결한다.

1. 근로개시일: 년   월   일부터   년   월   일까지
2. 근무장소 :
3. 업무의 내용 :
4. 소정근로시간 :   시   분부터   시   분까지 (휴게시간: 시   분~   시   분)
5. 근무일/휴일 : 매주 5일 (또는 매일 단위) 근무, 주휴일 매주 일요일
6. 임금
   - 월(일, 시간)급 : 월급   원
   - 상여금 : 있음 (   ) _____ 원, 없음 (○)
   - 기타급여(제수당 등) : 있음 (○), 없음 (   )
   - 정액급식비 월 100,000원, _____ 원
   - 임금지급일 : 매월(매주 또는 매일) 10일(휴일의 경우는 전일 지급)
   - 지급방법 : 근로자에게 직접지급(   ), 근로자 명의 예금통장에 입금 (○)
7. 연차유급휴가
   - 연차유급휴가는 근로기준법에서 정하는 바에 따라 부여함
8. 사회보험 적용여부(해당란에 체크)
   ☐ 고용보험   ☐ 산재보험   ☐ 국민연금   ☐ 건강보험
9. 근로계약서 교부
   - 사업주는 근로계약을 체결함과 동시에 본 계약서를 사본하여 근로자의
     교부요구와 관계없이 근로자에게 교부함(근로기준법 제17조 이행)
10. 근로계약서 교부
    - 사업주와 근로자는 각자가 근로계약, 취업규칙, 단체협약을 지키고 성실하게
      이행하여여 함
11. 근로계약, 취업규칙 등의 성실한 이행의무
    - 이 계약에 정함이 없는 사항은 근로기준법령에 의함

년   월   일

(사업주) 사업체명 :
          주소 :
          대표자 :   (서명)

(근로자) 주 소 :
          연락처 :
          성명 :   (서명)

4

사회생활 vs 눈치보기 – 직장 스트레스 관리

직장 내 관계 스트레스로 어려움을 겪는 송미씨

10년간 육아에 전념했던 송미씨는 1년 동안 노력하여 간호조무사 자격증을 취득했다. 이후 힘겹게 요양병원에 입사했지만 일한 지 한 달 만에 퇴사를 고민하고 있다. 보건의료 분야의 경우 상대적으로 다른 업종과 비교해 조직 내 텃세가 심한 편이다. 거의 10년간 사회생활을 하지 않은 탓에 말이나 행동에서 실수하는 경우가 있던 송미씨는 하필이면 간호부장님께 말실수를 하게 되었고, 그 이후로 부장님한테 찍혀 눈치가 이만저만 보이는 게 아니었다.

주변 동료들은 간호부장님께 작은 선물이라도 하면서 사과를 하고 관계를 개선하라고 했다. 송미씨는 업무상의 실수도 아니고 대화 도중 간단한 말실수였는데 그렇게까지 해야 하는지 잘 모르겠다고 했지만, 관계적인 스트레스로 인해 마음이 갑갑했다.

직장생활에서의 관계

    실제로 통계를 보면 직장에서 일이 힘들어서 퇴사하는 경우보다 관계의 어려움 때문에 퇴사하는 비율이 더 높다고 한다. 여러 사람이 어울려서 함께 일하는 직장에서는 관계의 어려움이 찾아올 수밖에 없다. 자격증을 취득하고, 학위를 받는 것은 나의 노력과 성실함으로 가능한 일이지만 관계는 나 혼자 잘한다고 해서 되는 것이 아니기에 스트레스를 많이 받게 된다.

직장 내 인간관계의 팁

- 친구는 되도록 밖에서 사귀자. → 공과 사의 구분은 필요하다.
- 자기 일부터 잘하자. → 내 업무를 충실하게 할 때, 좋은 관계를 맺을 수 있다.
- 부담스럽게 친해지려고 하지 말자. → 시간을 두고, 천천히 동료들을 알아가자.
- 앞에서 할 수 없는 말은 뒤에서도 하지 않는 습관을 들이자.
  → 말은 결국 돌고 돈다.
  <참고> 센스를 배웠더니 일머리가 돌아갑니다. (이찬·박소영 지음/T.W.I.G)

스트레스 관리

    직장생활에서 업무적으로든 관계적으로든 스트레스가 찾아오는 것은 결코 막을 수 없다. 그렇기에 다양한 스트레스 관리법을 알아보고, 실천하면서 스트레스를 줄여나가는 것이 직장생활을 오래 할 수 있는 원동력이 될 것이다.

1) 소확행 찾기 : 나만의 소소하지만 확실한 행복

- 음악 감상하기

- 독서하기

- 영화 감상하기

- 자연 감상하기

2) 간단한 운동하기

- 맨손체조로 하루를 시작하기

- 업무 도중, 스트레칭 하기

- 점심시간 활용 산책하기

- 잠시 건물 밖으로 나가 하늘 보기

- 퇴근 이후, 동네 한 바퀴 걷기

3) 마음 챙기기

- 명상 요법 : ABCD 모델

  A: 눈을 감고 집중하기

  B: 호흡을 깊게 쉬고 내뱉고

  C: 숫자를 천천히 열까지 세고, 다시 거꾸로 세고를 반복하고

  D: 방해요소가 생기면 다시 숨쉬기 반복

- 칭찬 폭격하기 : 칭찬 모으기, 나에게 쓰는 편지

Do it – 스트레스 해소에 도움이 되는 활동을 해보자

첫 출근 이후, 한 달이 지난 시점에 해보는 것도 좋다.

1. '나만의 소소하지만 확실한 행복을 주는 것'을 그림 또는 글로 표현하기

2. 그동안 수고한 나에게 편지쓰기

6장

취업에 대한 다양한 고민타파!

'지금까지 뭐하고 살았나…'라는 회의감이 찾아올 때!

취업이 힘들다고 아무 데나 취업하지는 말자

공무원 시험, 함부로 덤비지 말자

지금은 기술적 안정성을 고려해야 할 때!

천 리 길도 한 걸음부터! – 중소기업에서 시작하여 경력직 채용으로!

1

'지금까지 뭐하고 살았나….'라는
회의감이 찾아올 때!

구청 일자리센터를 방문한 중졸 민수씨

따뜻한 봄바람이 불어오는 어느 날, 머리를 노랗게 물들인 민수씨가 구청 일자리센터를 찾아왔다. 20대 중반으로 되어 보이는 민수씨의 구직신청서는 아래와 같이 적혀 있었다.

학력: 중학교 졸업 / 자격증: 오토바이 면허증 보유 / 경력: 중국집 배달 / 취업 희망 사항: 기술 배워서 안정적으로 일하기

민수씨에게 어떤 기술을 배우고 싶은지 묻자 걸쭉한 경상도 사투리로 이렇게 대답하였다. "학교 다닐 때, 쫌 심하게 놀아서 공부도 안 하고, 그냥 이 알바, 저 알바 하면서 살았심더. 제일 길게 일한 게 중국집 배달일? 근데 그것도 못해 먹겠고, 난중에 결혼도 하고 싶은데 이대로 살믄 안되겠다 싶데예. 그래서 뭐든 배워서 쫌 사람답게 살아볼라꼬 왔심더. 근데 뭐, 중학교 밖에 안 나와서 뭐라도 할 수 있을지 자신이 없네예."

대한민국 사회에서 학력은 중요한 스펙이지만 기술을 배우는 방향으로 진로를 설정했기 때문에 학력이 크게 문제가 될 일은 없었다. 그러나 민수씨는 "학력"으로 인해 자존감이 낮았고, '낮은 학력'이 취업에 매우 장애가 될 것으로 생각하는 것 같았다.

민수씨는 다른 무엇보다 '학력으로 인해 위축된 마음을 회복하는 것'이 중요했다. '취업 장애 요인으로 인해 낮아진 자존감'은 제대로 된 자기 탐색을 불가능하게 하고, 자신의 잠재력보다 낮은 수준의 업무 역량을 요구하는 곳에 입사 지원하거나 면접 자신감 저하 등의 문제를 유발하기 때문이다.

취업 상황에서 겪는 자존감 저하의 문제

취업 상담을 받으러 온 구직자 중에서는 계속된 서류 전형 탈락, 면접 과정에서의 상처 등으로 더 위축되어 찾아오는 사람들이 많다. 특히 각종 취업 장애 요인은 자존감까지 무너뜨려 취업에 상당한 걸림돌이 된다.

입사 지원을 서른 군데 넘게 했지만 단 한 곳도 면접보자는 기업이 없어 취업을 포기한 20대 청년

소신 있게 특성화고에 진학하여 취업을 준비했지만, 특성화고에 대해 잘 모르는 면접관이 한 "공부 못해서 인문계 안 갔어요?"라는 질문에 상처받은 특성화고 3학년 학생

인지도가 낮은 지방사립대학을 졸업한 것에 대한 위축감으로 면접에서 떨어질 때마다 '학교 인지도가 좋지 않아서 떨어졌다.'라고 생각하며 우울해하는 대학생

가지고 있는 스펙도 높고, 충분한 경험을 갖추고 있음에도 몇 번의 면접 실패 이후, '나는 안될 것 같아.'라는 부정적 감정에 사로잡혀 면접만 가면 머리가 하얘지는 청년

과거에 대기업에 다녔지만 출산과 육아로 인해 5년간 경력단절을 경험한 이후, 재취업에 성공할 자신이 없는 40대 여성

경력단절 이후, 첫 입사 면접에서 "10년 동안 아무것도 안하셨네요?"라는 면접관의 말을 듣고, 10년간 치열하게 아이를 양육했던 세월이 야속하게 느껴지는 경력단절여성

장애로 인해 약간 의사소통이 어려울 뿐, 업무에는 전혀 지장이 없는 신체장애임에도 '누가 장애인을 뽑겠어.'라는 생각에 취업을 포기한 장애인

신체적 장애로 장시간 근로는 힘들지만 얼마든지 능력 계발을 통해 하고 싶은 일을 할 수 있음에도 단순 포장 업무만 하겠다고 주장하는 장애인

헤어, 메이크업, 네일 등 각종 미용 자격증을 취득했지만 피부색과 말투 때문에 미용 분야에 계속 취업하지 못하는 결혼이주여성

영어 실력이 뛰어난 결혼이주여성이지만 학원 아이들에게 무시당할 것 같다는 이유로 영어 학원 강사 면접에서 떨어진 결혼이주여성

서비스 업종이 적성이 맞아서 스피치 학원에서 언어 교정까지 받았지만 이력서에 적힌 '신의주 고등학교 졸업'이라는 한 줄 때문에 면접에서 탈락한 북한이탈주민 여성

북한이탈주민인 것을 감추고 일을 할 때는 관계에 어려움이 없었지만, 퇴근 후 술자리에서 북한이탈주민인 것을 밝히자 정치적 성향이 강한 관리자 때문에 따돌림을 당하여 재취업이 두려운 북한이탈주민 남성

혹시 이러한 사례에 본인이 해당하거나 비슷한 경험을 했던 적이 있다면 안 그래도 높은 취업의 장벽이 더욱 높다고 느껴질 수도 있다. 그러므로 스스로 생각하는 취업 장애 요인을 정확하게 파악하여 자존감을 회복하고, 당당하게 취업에 도전하는 것이 필요하다.

Do it – 취업 자존감 떨어뜨리는 비합리적 사고 극복하기

유형	비합리적 사고	나와 비슷한 점	극복 방법
무사안일형	지금까지도 그럭저럭 살아왔는데 굳이 열심히 살 필요가 있을까?		
책임회피형	높은 취업 목표를 세웠다가 괜히 달성하지 못할 바에야 그냥 되는대로 사는 것이 더 낫지 않을까?		
목표달성에 대한 중압감형	취업 목표를 달성하지 못하면 나는 실패자가 되겠지?		
고집불통형	나만의 자유와 개성에 맞게 살면 되지, 굳이 취업 목표를 세워서 준비해야 해?		
지나친 낙관형	언젠가는 나도 무언가 되어 있겠지?		
낮은 성취욕구형	굳이 열심히 살 필요는 없지, 적당히 남들 하는 만큼 하면 되지 않을까?		
임박착수형	일단 오늘은 좀 놀고, 내일부터 해도 늦지 않을 거야.		
부정적 태도형	어차피 취업 목표를 세워도 난 달성하지 못 할거야.		
자포자기형	이번 생은 망했으니 그냥 죽지 못해 사는 것 아닐까?		

자존감을 높이기 위한 몇 가지 해결책

'심리학, 자존감을 부탁해' _{슈테파니 슈탈, 갈매나무} 에서 제안한 몇 가지 방법을 대한민국 취업 준비 상황에 맞춰서 정리해보았다.

작고 구체적인 성공 경험 쌓기

자존감의 저하는 대체로 무력감을 불러오는 경우가 많다. 자존감이 떨어지면 무력해지고, 무력하고 나태한 생활은 점점 자신에 대한 부정적 인식을 하게 만든다. 그러면 다시, 자신에게 실망하여 자존감이 더욱 낮아지는 악순환을 경험하게 된다. 이러한 악순환의 고리를 끊기 위해 지금 당장 실천할 수 있는 작고, 구체적인 성공 경험을 쌓아야 한다.

우리는 너무 의지가 약하기 때문에 반드시 '신뢰할 수 있고, 나를 지지해줄 수 있는 사람'에게 주기적으로 확인을 받을 필요가 있다. 그렇지 않으면 오히려 '이렇게 사소한 것도 못 하는데 내가 어떻게 취업을 할 수 있겠어?'라는 부정적 생각에 사로잡힐 수 있다. 그래서 확인자를 통해서 정기적으로 확인을 받되, 혹시나 실패하더라도 격려해줄 수 있는 확인자를 찾는 것이 중요한 것이다.

목표	시기	방법	확인자/확인 방법
하루에 물 5잔 마시기	오전 2번, 오후 2번, 저녁 1번	큰 컵에 물을 가득 채워 정해진 시간에 물 마시기	엄마, 잠들기 전에 엄마에게 확인받기
주 3일 집 근처 공원 걷기	밤 9시	밤 9시, 공원 입구에서 중앙광장까지 왕복해서 총 30분씩 걷기	친구, 카톡으로 인증샷 보내기

목표	시기	방법	확인자/확인 방법

긍정적인 내적 문장 만들기

자존감의 문제는 대부분 다른 사람들과의 관계에서 나타난다. 안타깝게도 취업 시장에서의 관계는 내가 면접관에게 잘 보여야 취업에 성공할 수 있는 명백한 '갑을관계'이다. 그래서 서류전형에서 탈락하거나 면접 상황에서 나의 자존감을 건드리는 특정 주제가 나오면 우리는 한없이 작아지게 된다. 그래서 어떤 주제가 나의 자존감을 낮아지게 만드는지 정확하게 파악하고, 이를 긍정적인 내적 문장으로 만들어서 멘탈을 유지해야 한다.

자존감을 깎는 상황/말	이유	긍정적 내적 문장
지방 대학 출신이시네요?	대학에 대한 콤플렉스	"지방 대학을 졸업 했지만, 그 누구보다 실력 면에서 뛰어납니다."
공백이 5년이나 되시는데 그동안 뭐하셨나요?	공백기에 대한 부정적 인식	"5년 동안 직무 관련 활동은 못 했지만, 아르바이트를 통해 고객 응대 능력을 키웠습니다."

앞서 소개한 자존감을 높이기 위한 다양한 방법 외에, 실제로 여러 가지 어려운 상황 속에서 취업에 성공한 사람들의 이야기를 들어보는 것만으로도 자신감을 얻을 수 있다.

Do it – 인생그래프 그려보기

　자존감이 낮은 구직자일수록 자신의 경험을 과소평가하기 때문에 최대한 과거 경험을 잘 끌어내어 자기소개서 작성이나 면접 준비에 활용할 필요가 있다. 누구나 인생에서 전성기가 있고, 뼈아픈 좌절을 경험했던 순간들이 있기 때문이다. 힘들었던 순간이지만 그 속에서 배웠던 점은 무엇인지, 큰 성공은 아니지만 성공했던 경험은 무엇인지 생각해본다면 조금 더 여유를 가지고 인생을 마주할 수 있을 것이다.

인생그래프 예시

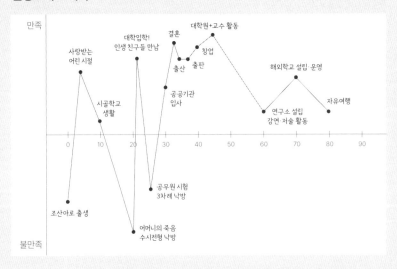

질문

1. 인생에서 가장 성공 경험이라고 생각하는 사건 2가지와 그 이유는?
2. 인생에서 가장 힘들었던 순간 2가지와 각각 어떤 방법으로 어려움을 극복했는지?
3. 전반적으로 인생 그래프가 '긍정'에 가까운지 또는 '부정'에 가까운지와 그 이유는?

이렇게 그래프를 그리다 보면 오히려 인생의 수많은 어려움이 원망스럽게 느껴질 수도 있다. 하지만 이 수많은 역경을 이겨내며 지금까지 살아있는 것만으로도 기적이다. 이러한 경험들을 잘 살려 충분히 취업에 성공할 수 있으며, 취업 이후에도 잘 해낼 수 있다는 자신감을 가졌으면 좋겠다.

2

취업이 힘들다고 아무 데나 취업하지는 말자

하나의 영역(흥미/관심)에만 몰두하여 구했던 직장을 금방 그만두게 된 미영씨

미영씨는 출판사에서 디자이너로 일하다가 출산 이후 일을 그만두었다. 그리고 육아에 전념하다가 아들이 3세가 되자 아들을 어린이집에 보냈다. 그래서 오전 10시부터 오후 3시까지 여유 시간이 생기게 되었고, 가계에 조금이라도 보탬이 되고자 단시간 일자리를 찾으러 여성인력개발센터를 찾아왔다. 미영씨는 평소 커피를 좋아해서 바리스타에 관심이 많았기 때문에 주말에 아이를 남편에게 맡겨놓고 바리스타 자격증을 취득할 정도로 열의가 있었다.

일자리를 알아보던 중, 오전 11시부터 오후 2시까지 점심시간 동안 일할 수 있는 카페 아르바이트 일자리가 있어서 취업하게 되었다. 그러나 카페 입사 이후, 미영씨가 경험한 카페 업무는 생각했던 것과는 너무 달랐다. 미영씨가 일하는 곳은 직장인들이 주로 점심시간에 많이 이용하는 카페였기 때문에 3시간 동안 화장실도 못갈 정도로 커피 만드는 기계처럼 일해야 했다.

더구나 미영씨는 디자이너로 일할 때도 마감일에 대한 압박 이외에는 상대적으로 여유 있게 일하는 것을 선호하는 성격이었는데 이 카페에서는 무조건 '빠른' 일처리를 요구했다. 거기에 평소 창의적이고 새로운 것을 추구하는 가치관이 강했는데, 지금 일하는 카페는 프랜차이즈 카페라 정해진 레시피대로만 음료를 제조해야 했다. 결국, 미영씨는 하고 싶었던 카페 일을 한 달 만에 그만두었고, 현재는 프리랜서 디자이너로 일하고 있다.

나와 맞는 직무 찾기

오랜 기간 상담을 하며 '나는 취업에 제약 요건이 많다'라고 생각하여 일단 되는대로 취업하여 귀중한 인생의 시간을 허비하는 경우를 많이 보았다. '나는 고등학교밖에 졸업 안 했으니까', '나는 아이를 돌봐야 하니까', '나는 장애가 있으니까', '나는 북한이탈주민이니까' 등의 이유로 말이다. 물론 이러한 취업 제한 요인은 실제로 취업에 걸림돌이 되기도 한다. 선택할 수 있는 직업의 폭도 상당히 제한될 수밖에 없다. 그렇다고 아무 데나 취업을 한다면 장기적인 커리어 관점에서 그다지 도움이 되지 않는다.

그렇다면 어떻게 해야 할까? '지피지기 백전불태'라는 말이 있다. '나를 알고, 적을 알면 백번 싸워도 위태로워지지 않는다'는 뜻이다. 그래서 먼저 자기 자신에 대한 이해를 통해 나와 맞는 일이 무엇일지 탐색해보는 것이 필요하다. 아래의 다양한 질문에 답을 하며 다음 표를 채워보자.

Do it - 종합적인 자기 이해

해당 주제 질문에 대한 답을 다음 표에 정리하며 전체적으로 내가 어떤 사람 인지 한 눈에 확인해 보자.

흥미	적성
성격	가치
영향	환경/경험

흥미 관련 질문

1. 취미가 무엇인지?

2. 유튜브 볼 때, 주로 어떤 영상이 알고리즘으로 뜨는지?

3. 인터넷뉴스를 보면 제일 먼저 클릭하는 영역은?

4. 고등학교 때, 가장 좋아했던 과목 (잘했던 과목 아님) 3가지는?

5. 몸 쓰는 것 / 사람 상대하는 것 / 머리 쓰는 것 중에 무엇이 제일 재미있는지?

6. 평소 관심 있는 대상은? (중복 가능)

   (아동 / 청소년 / 청년 / 일반인 / 노인 / 취약계층 / 관심 없음)

적성 관련 질문

1. 살면서 상을 받은 적이 있다면?

2. 주변 사람들한테 자주 듣는 칭찬은?

3. 고등학교 때 잘했던 과목 3가지는?

4. 가지고 있는 자격증이 있다면?

5. 몸 쓰는 것 / 사람 상대하는 것 / 머리 쓰는 것 중에 제일 잘할 수 있는 것은?

성격 관련 질문

1. 외향적인 편인지, 내향적인 편인지?

2. 꼼꼼한 편인지, 추상적인(두루뭉술한) 편인지?

3. 아이디어가 많은 편인지, 시키는 대로 잘하는 편인지?

4. 자유분방한지, 규칙을 준수하는 편인지?

5. 이성적인지, 감정적인지?

6. 야외에서 일하는 게 좋은지, 실내에서 일하는 게 좋은지?

7. 서서 일하는 게 좋은지, 앉아서 일하는 게 좋은지?

8. MBTI 유형은 무엇인지?

가치 관련 질문

1. 직업 선택에서 중요한 것 3가지 (가장 중요한 순서대로)
   - 돈 / 명예 / 사회적 기여(봉사) / 성취 / 관계(동료들과의 분위기) / 안정성 / 끊임없는 자기계발 가능 / 정시퇴근 가능(워라밸)
2. 아래 내용 중 가장 마음을(시간X) 많이 쓰는 것 3가지(가장 많이 쓰는 순서)
   - 가족 및 연인과의 관계 / 학업(자기계발) / 아르바이트·직장 수입 활동 / 취미·여가 생활 / 종교 생활
3. 부모님이 어릴 적부터 중요하다고 강조했던 것은? (진로 관련)
4. 살면서 가장 행복했던 순간은?
5. 요술 램프에서 나온 지니가 소원 3가지를 들어준다면?

영향 관련 질문

1. 부모님의 양육방식은? (강압적 / 보통 / 자유로움)
2. 부모님이 가진 나의 취업에 대한 기대는?
3. 주변 친척 중 가장 성공했다고 생각하는 사람과 그 이유는?
4. 가장 친한 친구는 어떤 사람인가?
5. 친한 친구들은 어디로 취업했는지?
6. 지금까지 해보았던 일 경험 중 가장 힘들었던/좋았던 일과 그 이유는?

환경 관련 질문

1. 내가 느끼는 나(우리 가정)의 경제적 형편은? (상 / 중상 / 중 / 중하 / 하)
2. 진로/취업에 대한 정보는 주로 어디에서 얻는가?
3. 취업 목표 시기는?
4. 경제적으로나 상황적으로나 1년 정도 직업훈련 받아도 되는지?
5. 창업을 할 만한 여유자금이 조금 있는지?
6. 현재 살고 있는 지역이 어디인지? / 취업을 희망하는 지역은?

만약 이렇게 주관적인 질문에 대한 답변 방식이 아닌, 객관적인 심리검사를 희망한다면 아래의 방법으로 무료 직업 심리검사 실시가 가능하다.

> **실시 방법 – 고용노동부 워크넷 직업심리검사**
> **www.work.go.kr** 사이트 접속 → 회원가입 및 로그인 → 직업·진로
> → 직업심리검사 → 성인용 심리검사 실시

Do it - 직업심리검사 결과 정리하기

번호	검사명	검사결과(유형)	주요 특성	관련 직업
예시	직업선호도검사L형	CR형(관습형-현실형)	현장에서 자료나 문서를 체계적으로 관리하고, 작성하는 일 선호함	자재관리원, 기계 조립 및 검사원, 전기안전기술자
1				
2				
3				

나와 맞는 직무 찾기 [적용편]

이렇게 종합한 나에 대한 정보를 어떻게 취업에 적용할까? 먼저 이렇게 수집한 정보를 바탕으로 내가 잘할 수 있고, 좋아하는 분야를 선택한다. 상담했던 내담자 중에 자동차를 좋아하는 북한이탈주민이 있었다. 그분이 에어컨 부품 공장과 자동차 부품 공장 취업을 두고 고민할 때, 돈을 조금 더 많이 주는 에어컨 부품 공장보다는 본인이 관심 있는 자동차 부품 공장에 취업하도록 추천한 적이 있다. 당장에는 돈을 조금 더 받는 것이 유리할 수 있지만 내가 좋아하는 제품을 생산하면 훨씬 더 업무에 애정이 생기기 때문이었다. 추천대로 자동차 부품 회사에 취업한 북한이탈주민은 상당히 직장 생활에 만족하며 오랜 기간 일을 할 수 있었다.

다음으로 직업심리검사 결과를 통해 피해야 할 직장이 어디인지 파악할 수 있다. 특히 나이가 많아서 무슨 일이든 하고 싶은 중장년층의 경우, "어떤 분야로 취입하고 싶으세요?"라고 물어보면 "아무 데나요"라고 대답하는 경우가 많다. 그러나 막상 진짜 '아무 데나' 취업 알선을 하면 취업에 성공하더라도 일주일을 버티지 못하는 경우가 많다. 그래서 '내가 정말 일하고 싶은 곳'에서 일하지는 못하더라도 충분한 자기 탐색을 통해 '나와 정말 맞지 않는 곳'은 피하는 것이 중요하다.

사는 게 팍팍하고, 출근하는 게 버겁더라도 '그나마 나와 맞는 일'을 선택할 수 있다면 조금은 더 행복하게, 그리고 오래 일할 수 있지 않을까?

3

공무원 시험, 함부로 덤비지 말자

대학 졸업 이후 3년간 공무원 시험을 준비한 20대 중반의 청년이 있었다. 심리학을 전공한 그 청년은 대학 졸업을 한 학기 앞둔 어느 날, 대학원 진학 대신 공무원 시험에 도전해보자고 결심했다. 경제적으로 대학원에 갈 형편이 되지 않았기 때문이다. 그래서 '낮에는 공무원으로 일하고, 밤에 야간대학원을 다니면서 석사학위를 취득하자.'라는 야심 찬 계획을 세우고 수험 생활을 시작하였다.

본격적인 시험 준비에 앞서 도서관에 앉아 9급 공무원 기출 문제를 풀어보았다. 그런데 이게 웬걸? 제대로 공부를 한 것도 아닌데 평균 70점이 나왔다. 그래서 '1년만 바짝 집중해서 공부하면 합격 커트라인인 평균 90점까지 올릴 수 있을 거야.'라는 착각 속에 시험 준비를 시작하였다. 하지만 점수를 평균 70점에서 80점까지 올리려면 70점까지 올리기 위해 쏟았던 노력의 2배를, 80점에서 90점까지 올리려면 그 4배의 노력을 해야 가능하다는 사실을 뒤늦게 깨달았다. 더구나 그 청년은 생활비를 벌기 위해 아르바이트까지 병행했다.

아르바이트를 마치고 도서관에 가면 집중력이 떨어질 수밖에 없었다. 그래서 결국 1년 차에는 3문제 차이, 2년 차에는 1문제 차이, 3년 차에는 2문제 차이로 공무원 시험에 불합격했다. '1문제만 더 맞추었더라면'이라는 아쉬움에 3년까지 도전했지만, 그 1문제 차이로 불합격한 사람이 전국에 수백 명이나 되는 것이 현실이었다.

이 청년의 이야기는 바로 나^{저자}의 이야기이다. 나는 공무원 시험에 대해 자세히 알아보지 않고, 무작정 뛰어들었다가 귀중한 20대의 3년의 세월을 흘려보냈다. 그래서 이번 장에서는 '아무 스펙도, 경력도 없는 사람들이' 도전할 수 있지만 그만큼 잘 알고 준비해야 하는 공무원 시험 준비에 관해 이야기하고자 한다.

공무원 시험의 실체

공무원 시험은 공부한 분량에 비해 시험 문제 수가 아주 적은 시험이다. 백과사전보다 두꺼운 수험서에 빽빽하게 적힌 내용을 5과목 공부해야 하지만 실제 시험 당일에 풀어야 하는 시험 문제는 과목별로 20문제밖에 되지 않는다. 내가 정확하게 이해하고 암기한 부분에서 문제가 나오면 좋겠지만, 워낙 응시자가 많아서 변별력을 위해 지엽적인 부분에서 문제를 내기 때문에 '틀릴 수밖에 없는 시스템'으로 구성된 시험이다.

또한, 공무원이 되느냐, 마느냐를 결정하는데 걸리는 시간은 100분, 1시간 40분에 불과하다. 모든 내용을 완벽하게 이해하고, 숙지했다고 하더라도 한 과목당 1문제를 1분도 안 되는 시간 안에 풀어야 한다. 단답형으로 답이 나오는 문제는 괜찮지만 긴 지문을 읽고 풀어야 하는 국어나 영어, 각종 계산이나 통계 자료를 해석해야 하는 과목들은 긴장된 시험 환경 속에서 순간적으로 문제를 보고, 정답을 찾아내야 한다.

그래서 '시험'이라는 환경에 익숙한 사람이 좋은 점수를 받을 수밖에 없으며, '무작정 열심히 하는 것'만으로는 합격할 확률이 낮다. 간혹 주변에서 직장을 다니면서 준비했는데 합격했다는 이야기나 아이를 키우면서 아이가 어린이집에 갔을 동안에 집중해서 공부하여 합격했다는 이야기를 들으면 '나도 한번 도전해볼까?'라는 생각이 들기도 한다. 하지만 대부분의 사람들은 합격 스토리만 인상적으로 기억하고 불합격한 대다수 사람들의 이야기를 귀담아 듣지 않는다. 이것은 마치 '내 친구도 주식해서 대박 났다고 하는데 나도 잘하면 대박 나지 않을까?'라고 생각하며 재산의 절반을 주식에 올인하는 것과 같은 이치이다.

그래도 공무원 시험 도전해볼까? - 공무원 시험 도전, 자가테스트

'공무원 시험을 준비해볼까?'라고 생각하는 사람들에게 무조건 '함부로 덤비지 마라.'라고 말리는 것은 아니다. 나의 간절한 소망 중 하나는 나라를 사랑하는 마음과 국민을 섬기겠다는 열심을 가진 공무원이 많아지는 것이다.

그러나 딱히 다른 진로 대안이 없어서, 부모님이나 주변의 강요로, 현재 직장이 마음에 안 들어서 혹시나 하는 마음에 준비하는 사람은 다시 한번 공무원 시험 이외에 다른 진로 선택지가 없는지 탐색할 필요가 있다. 그리고 본격적인 시험 준비 이전에 다음 테스트를 통해 본인의 마음과 주변 환경을 잘 점검하며 신중하게 결정할 수 있기를 바란다.

Do it - 공무원 시험 도전 이전, 자가테스트

문항	그렇다	아니다
1. 하루 평균 10시간 이상 공부할 각오가 되어 있는가?		
2. 실제로 하루 8시간 이상 한 장소에서 앉아있었던 경험이 있는가? (PC방, 만화방 등 제외)		
3. 평소 자신이 집중이 잘되는 공부 장소를 알고 있는가? (도서관, 독서실, 스터디카페, 카페, 집 등)		
4. 그 장소에서 공부할 수 있는 환경이 갖추어져 있는가? (비용, 가족들의 배려 등)		
5. 수험 생활 동안 최소한의 생활 유지를 위한 비용이 마련되어 있는가? (인터넷 강의 수강료, 교재비, 식사비 등)		
6. 아르바이트를 해야 한다면, 공부에 지장이 없을 만한 업무 강도인가? (아르바이트를 하지 않아도 된다면 '그렇다.'로 표시)		
7. 사람 만나는 것을 좋아하는 성향이라면 최대 주1회, 사람 만나는 것을 선호하지 않는다면 '시간 도둑 취미'(웹툰, 드라마, 영상 시청 등)를 하루 1시간 이내로 줄일 각오가 되어 있는가?		
8. 기본적인 영어 실력을 갖추고 있는가? (고등학교 수준의 영단어, 문법, 독해 100% 이해/수능 영어 성적 3등급 이상)		
9. 선호하는 시험 유형이 수능형 vs 내신형 중에 수능형에 가까운가? *수능형: 제한된 시간 내에 빨리 문제를 풀어내는 시험 *내신형: 꾸준하게 학습한 내용을 여유 있게 작성하는 시험		
10. 긴 글을 빨리 이해하고, 해석할 수 있는 독해력과 일반 상식을 갖추고 있는가?		

위 테스트에서 8개 이상은 '그렇다.'라고 응답해야 어느 정도 합격 가능성이 있다고 생각한다. 무작정 '열심히 하면 언젠가는 되겠지.'라는 마음으로 시작한다면 결국 장수생의 길로 갈 수밖에 없다.

공무원 시험 준비를 위한 꿀팁 3가지

다음은 공무원이 되고자 굳은 결심을 했거나 위 테스트에서 8개 이상 '그렇다.'가 나와서 실제로 공무원 시험을 준비하는 사람에게 도움이 될 만한 팁이다.

첫째, 공무원 시험 준비를 본격적으로 시작하기에 앞서 영어 기본기를 먼저 갖추어야 한다. 공무원 시험에서 탈락한 이유의 70%가 영어를 극복하지 못했기 때문이다. 자신 없는 영어에 에너지를 많이 쓰면 상대적으로 다른 과목에 할애할 시간도 부족해진다.

둘째, 시험 준비를 제대로 하지 않았더라도 실제 시험에 응시하여 수험장 경험을 쌓아야 한다. 시험 현장에 가보는 것만으로도 다음 시험에서의 긴장감을 줄일 수 있고, 공부를 열심히 해야겠다는 동기부여가 된다. 대부분의 공무원 채용이 1년에 1~2번밖에 이루어지지 않기 때문에 실제 시험 분위기를 익힐 기회가 생각보다 많지 않다. 공무원 시험은 응시 비용이 1만 원 이내로 저렴하므로 최대한 많은 실제 시험에 도전하여 실전 경험을 쌓아야 한다.

셋째는 아르바이트를 가능한 하지 않아야 한다. 물론 공무원 시험을 준비하는 학생 중에서 가정에서 지원이 되지 않아 교재비와 생활비를 직접 벌어야만 하는 안타까운 학생들도 있다. 그러나 나는 이렇게 반문한다.

"도전하는 수험생 수에 비교해 합격자가 아주 적은 공무원 시험에서는 전체 100문제 가운데 1개 문제 차이로 떨어지는 학생만 수백 명입니다. 그렇다면 평균적인 지적 수준을 가진 사람들이 경쟁한다고 가정했을 때, 아르바이트를 안 하면서 하루 10시간씩 집중해서 공부하고, 2시간 충분히 휴식하는 수험생과 하루 8시간씩 집중해서 공부하고, 4시간 아르바이트를 하는 수험생 중에 누가 더 합격할 확률이 높을까요?"

불가피하게 아르바이트를 해야 하는 경우라면 어떻게든 아르바이트를 통해 소모된 시간을 다른 시간에 보충하여 공부의 절대량을 채우는 것이 중요하다. 또한, 아르바이트를 할 때도 너무 육체적인 피로도가 높거나 사람을 많이 상대해야 하는 일은 피하는 게 좋다. 우리가 로봇이 아닌 이상, 그 피곤함은 자연스레 공부 집중력 저하로 이어지기 때문이다.

4

지금은 기술적 안정성을 고려해야 할 때!

바리스타로 진로를 정한 법학과 여학생

졸업을 앞둔 법학과 4학년 예지 학생이 대학일자리센터에 찾아왔다. 희망 진로 분야를 묻자 예지 학생은 너무도 당당하게 "바리스타요! 그리고 10년 뒤에 제 카페 차릴 건데요?"라고 답변하였다. 예지 학생은 카페 아르바이트를 통해 커피를 처음 접한 이후 정해진 법조문을 해석하고 외우는 전공 공부와는 달리, 새로운 음료 제조법을 배우고 실제로 만들어보는 바리스타 직무에 큰 관심을 갖게 되었다고 하였다. 커피 향이 좋아서 친구들과 노는 것보다 카페에서 일하는 게 더 재미있을 정도였다. 그러다 보니 점점 학과 공부는 뒷전이 되었고, 전공과는 무관하게 바리스타 자격증을 취득하고, 라떼 아트 기술을 배우는 등 커피 전문가의 길을 준비하게 되었다.

그런데 예지 학생의 부모님은 "바리스타는 나이 들면 못 하는 일이야. 막상 돈 벌어서 힘들게 사업 시작해도 사업이 얼마나 어려운데 망하면 어쩌려고? 중소기업 경리로 취업해도 좋으니 그냥 취업 준비나 해!"라고 하시며 강하게

반대한다고 하였다. 그래서 상담의 주제는 '부모님을 어떻게 설득할 것인가?'
로 변경되었다.

먼저 예지 학생은 부모님께 바리스타에 대한 열정과 전문성을 보여주기로 하
였다. 바리스타 대회에 참가하여 수상하는 것을 목표로 실력 향상 계획을 세웠
고, 창업자 특강, K-스타트업 수강 등을 통해 창업 전문성을 쌓아 미리 사업을
준비하기로 하였다. 그리고 곧 학기가 끝나니 집에 가서 부모님이 좋아하는 음
식을 사드리고, 조용한 분위기에서 차분하게 이야기하는 것도 계획에 포함됐
다. 예지 학생은 구체적인 부모님 설득 계획이 완성되자 매우 흡족해하며 상담
실 문을 나섰다. 나는 그런 예지 학생을 이렇게 응원했다. "법학과 출신 바리스
타, 그녀의 카페 창업 성공기"라는 주제로 훗날 모교에 특강하러 옵시다."

어떤 쪽으로 취업을 희망하시나요?

8년간 진로·취업 상담을 진행하며 거의 매번 물어보는 질문이 있다. "어
떤 쪽으로 취업 희망하시나요?" 그런데 정말 놀라운 것은 이 질문에 대
한 답변이 거의 모두 같다는 점이다. 20대 청년도, 40대 경력단절여성도,
60대 노인일자리 참여자도, 심지어 북한에서 온 지 얼마 안 된 북한이탈
주민도 이렇게 대답한다.

"안정적으로 할 수 있는 일이요."

간혹 청소년 상담 과정에서 부모님들과 상담할 때도 마찬가지다. 부모
님들의 관심은 '정규직인지, 정년 보장이 되는지'이지만 앞으로 그런 회사
는 거의 없다고 해도 무방하다. 그래서인지 과거 한 직장에 뼈를 묻겠다

는 각오로 헌신했던 이전 세대와는 달리, 현세대는 내가 속한 직장이 내가 정년까지 일할 곳이라고 생각하며 일하는 사람이 아무도 없다.

미래가 불안하기 때문에 안정적으로 오래 할 수 있는 일을 찾는 것은 당연하다. 그렇지만 시대가 빠르게 변하고 있고, 기업도 글로벌 경쟁 속에서 생존해야 하므로 종신고용으로 직원을 채용하는 것은 점점 어려워질 전망이다. 우스갯소리로 이제 안정적인 유일한 직장은 '공'기업, '공'무원 밖에 없는데 아이러니하게도 그러한 곳들은 '공'부를 잘해야 취업할 수 있다는 말도 있다. 거기에 대기업은 정년까지 다닐 수 없다는 것은 모두의 상식이 되었고, 옛날에는 먹고 사는데 전혀 지장이 없던 의사, 변호사도 밥벌이를 걱정해야 하는 시대가 되었다.

그렇다면 이제 '안정성'은 포기해야 하는 직업 가치일까? 하지만 인간은 누구나 '안정성'을 추구한다. 적성에 맞는 일자리도 좋고 흥미를 살린 일자리도 좋지만, 일단은 최대한 오랫동안 생계를 유지할 수 있는 일자리를 찾게 된다. 그래서 우리는 이제 '안정성'에 대한 관점을 달리하여 '기술적 안정성'에 주목할 필요가 있다.

직업적 안정성에서 기술적 안정성으로

점점 세상이 빨리 변하고 있다. 우리가 일상에서 편하게 사용하고 있는 스마트폰이 나온 게 고작 15년 전이다. 그러나 스마트폰은 이제 전 세계적으로 없어서는 안 될 물건이 되었고, 그에 따라 경제, 사회, 문화 등 모든 것이 영향을 받았다. 이런 상황에서 지금부터 10년 뒤에 세상이 어떻게 변할지 예측하기는 절대 쉽지 않다. 그러므로 이제는 '안정적인 직장'에 들어가기 위해 노력하는 것이 아니라, 늘 배우고, 도전하며 '나만의 안정적인 기술'을 가지는 것이 중요하다.

예를 들면, 은행원^{창구텔러} 과 바리스타를 비교해보자. 기본적으로 사람을 상대하는 것을 좋아한다면, 상대적으로 은행원이 되는 것이 소득이나 안정성 측면에서 더 좋은 선택지라고 생각한다. 이와 비교해서 바리스타는 비정규^{아르바이트} 일자리가 훨씬 많고, 상대적으로 안정적이지 못한 일이라고 생각한다.

하지만 10년 후, 스마트 금융 서비스가 지금보다 더욱 보편화 된다고 가정해보자. 은행을 찾는 고객은 거의 없고, 대부분 비대면 금융 서비스를 이용한다면 은행원 일자리는 사라질 가능성이 크다. 그렇게 은행에서 퇴직한 이후에는 은행원 경력을 쌓이 새롭게 할수 있는 일이 거의 없게 된다.

반면, 10년 동안 바리스타로 전문성을 키운 사람이라면 개인 카페나 프렌차이즈 카페를 창업할 수도 있고, 바리스타 직업훈련 강사나 교수 등으로 진출할 수 있다. 그렇기에 이제 우리가 갖추어야 하는 것은 '기술적 안정성'이다. 소위 '이 기술만 가지고 있으면 지금 다니는 회사가 망하더라도 ^{때로는 나를 해고하더라도}, 얼마든지 다른 곳에 가서 취업할 수 있는 기술'을 가져야 한다는 것이다. 더구나 4차 산업혁명으로 각종 로봇과 인공지능이 우리의 일자리를 빼앗고 있다. 따라서 더욱 장기적인 관점에서 '대체되지 않을 수 있는 나만의 기술'을 가지는 것이 매우 중요하다.

'나만의 기술'을 갖추려면?

지금까지 내용을 통해 기술적 안정성의 중요성을 깨달았다 하더라도 아직 진로가 구체화되어 있지 않다면 어떤 방향으로 기술적 안정성을 키울 수 있을지 막막할 수 있다.

그때 가장 좋은 방법은 국가공인자격증을 취득하는 것이다. 혼자 힘으로 자격증을 취득하는 것이 힘들다면 직업훈련과정에 참여하여 자격증 취득에 도움을 받을 수 있다. 국가공인자격증과 관련된 정보는 큐넷에서 알아볼 수 있다.

> 큐넷(Q-NET)에서 자격증 정보 파악하기
> www.q-net.or.kr → 국가자격시험 → 자격정보 → 국가자격 → 국가자격증 종목별상세정보

자격증의 종류

1. 국가기술자격

각종 산업과 관련 있는 기술과 기능에 관한 자격증으로 한국산업인력공단과 대한상공회의소에서 주로 주관하며, 기술능력에 따라 기능사, 산업기사, 기사, 기능장, 기술사 순서로 등급과 수준이 나누어지는 자격증이다.

2. 국가전문자격

개별 정부 부처가 주관하며 전문서비스 제공을 위해 구성된 자격증이다.

3. 타기관 시행종목

한국산업인력공단 이외에 각종 부처나 기관에서 인정해주는 자격증이다.

관심 있는 자격증 이름을 누르면 시험정보/기본정보/우대현황/일자리 정보까지 상세하게 나와 있어서 이해가 쉽다.

Do it – 기술적 안정성을 위한 관심 자격증 정보 파악하기

관심분야에 따른 자격증 정보를 자격증 이름 / 시험 정보 / 우대현황 / 일자리 정보 / 난이도 등의 항목에 따라 정리해보자.

자격증 이름	
시험 정보	
우대 현황	
일자리 정보	
난이도	

자격증 이름	
시험 정보	
우대 현황	
일자리 정보	
난이도	

자격증 이름	
시험 정보	
우대 현황	
일자리 정보	
난이도	

5

천 리 길도 한 걸음부터!
중소기업에서 시작하여 경력직 채용으로!

공기업 준비 vs 중소기업 취업이라는 갈림길에 선 진수 학생

지방사립대학을 다니는 진수 학생과 취업 상담을 진행하게 되었다. 상담실에 들어온 진수 학생은 상담을 시작하자마자 공기업에 들어가고 싶다고 하였다. 진수 학생이 공기업에 가고 싶은 이유는 남달랐다.

"저와 친한 친구 3명이 있습니다. 그중 2명은 대기업에 입사했고, 1명은 공기업에 입사했습니다. 그러나 지금의 제 스펙과 역량으로는 중소기업에 취업할 수밖에 없는데 10년 뒤, 20년 뒤에 그 친구들과의 연봉 격차가 하늘과 땅차이처럼 벌어져서 함께 어울릴 수 없을 것 같아 걱정입니다. 그래서 공기업에 꼭 가고 싶습니다."

진수 학생에게는 '중요한 타인과 비슷한 정도의 경제 수준'이 중요한 가치 개념이었다. 그렇지만 지금 시점에서 취업을 포기하고, 1년 넘게 공기업 입사를 준비하기에는 최근까지 성취했던 대외활동, 자격증, 어학 실력 등이 너무 아까웠다. 진수 학생은 지방사립대학 출신이라는 약점을 커버하기 위해 다양한 활동에 참여하며 무역 실무 역량을 키웠기 때문이다.

그래서 상담을 통해 진수 학생에게 중요한 '가까운 타인과 비교해도 낮지 않은 경제적 수준'이라는 가치를 충족하고자 '선(先) 중소기업 취업, 후(後) 중견기업·대기업 경력직 이직'이라는 전략을 수립하였다. 진수 학생이 가장 잘할 수 있는 무역(해외영업) 분야에서 3년간 경력을 쌓고, 경력직으로 보수가 높은 중견기업이나 대기업에 지원해보기로 하였다. 그렇게 진수씨는 공기업 취업 준비 대신, 장기 계획을 가지고 중소기업에 취업하게 되었다.

괜찮은 중소기업 찾는 방법

실제로 중소기업 종사자들이 공기업/대기업에 다니는 주변 사람들과 급여나 복리후생을 비교하면 상대적 박탈감이 느껴진다. 물론 급여나 복리후생이 직장 선택에 매우 중요한 요소이기는 하지만 현재의 취업 준비 상황, 나의 성향과 적성, 보유 역량 등은 고려하지 않은 채, 공기업이나 대기업만 바라보며 귀중한 청춘의 시간을 허비하는 청년들이 너무 많다. 반대로 중소기업에 취업해서 일하고 있으면서 입사 초반부터 급여나 복리후생이 조금 더 좋은 다른 기업의 채용정보를 기웃거리거나, 대기업, 공기업 등으로 이직하기 위해 업무 시간 도중에도 몰래 입사지원서를 쓰는 청년들도 있다.

그러나 지금 일하고 있는 직무가 나와 잘 맞는다면 비록 급여나 복지가 마음에 들지 않더라도 현재 있는 곳에서 최선을 다해보자고 말해주고 싶다. 지금 현재의 일에 온전히 몰입하여 눈에 보이는 성과를 낼 수 있으면 '경력직 이직'이라는 기회가 왔을 때, 그 기회를 붙잡을 수 있기 때문이다.

그리고 '중소기업이라고 다 같은 중소기업이 아니다.'라는 말이 있을 정도로 각 중소기업들마다 사내문화와 복지는 천차만별이다. 특히 고용노동부가 선정한 '강소기업'에 주목할 필요가 있다. 강소기업은 규모는 작지만, 산업 내에서 강한 경쟁력을 확보한 중소기업을 지칭한다. 그중에서도 청년층이 일하기 좋은 '청년친화 강소기업'이라는 곳도 있다. 청년들이 중요하게 생각하는 일과 삶의 균형, 조직문화, 사내 복지 등을 갖추고 있기에 아래 사이트를 통해 정보를 찾아보고 입사지원 해보기를 권유한다.

> 청년친화강소기업
> 고용노동부 워크넷 청년친화 강소기업 정보
> http://www.work.go.kr > 청년친화강소기업 > 청년친화강소기업 소개

중소기업 월급이 너무 적다고? 자산 형성을 위한 다양한 제도를 활용하자!

중소기업에 근무하는 청년들을 위한 자산형성제도가 있다. 또한 '성실하게 근로하는 것'을 전제로 저소득층이나 취약계층을 지원하기 위한 정부의 다양한 자산형성제도가 있다. 이러한 제도를 잘 활용한다면 다소 급여 수준이 낮더라도 안정적으로 돈을 모을 수 있으므로 적극적으로 활용하기를 권장한다. 매년 적립금액, 신청조건 등이 바뀌기 때문에 제도 이름을 인터넷에 검색하여 상세 내용을 확인하는 것이 좋다.

청년층 (만 15세~34세)

이름	내용
청년내일채움공제 (고용노동부)	· 중소(중견)기업 취업 지원을 위해 청년-기업-정부의 3자 적립을 통한 자산 형성 지원 · 청년이 정규직으로 일정 기간 근속 시, 목돈 마련 가능 · 신청방법: 워크넷 사이트에서 신청 가능 · (선) 기업, (후) 청년 신청해야 함.
청년희망키움통장 (보건복지부)	· 열심히 일하는 생계급여수급 청년의 탈수급과 자립 지원을 목적으로 저축액 적립 및 지원 · 신청방법: 관할 주소지 읍면동 주민센터 방문 접수 · 문의: 보건복지상담센터 129

청년내일저축계좌
(보건복지부)
	· 수급가구 및 차상위가구 청년들의 목돈 마련을 지원하기 위한 상품
	· 매월 일정 금액을 일정 기간 저축하면 정부가 근로소득장려금을 추가로
	  적립해주는 저축상품
	· 신청방법
	  (1) 관할 주소지 읍면동 주민센터 방문 접수
	  (2) 복지로(www.bokjiro.go.kr) 온라인 신청
	· 문의: 보건복지상담센터 129

취업취약계층 (저소득층, 한부모가정, 북한이탈주민 등)

이름	내용
희망키움통장1	· 만기 적금통장으로 저소득층 가입자가 저축하면 총 근로, 사업 소득에 일정 비율만큼 지원금을 함께 적립해주는 통장 · 월에 일정 금액을 적금하면 이자 + 근로소득장려금 받음 · 신청방법: 관할 주소지 읍면동 주민센터로 문의 및 신청

희망키움통장2	· 저소득층의 생계, 의료수급 가구로의 진입을 예방하기 위해
	  자산 형성할 수 있도록 지원하는 통장
	· 월에 일정 금액을 일정 기간 저축하면 정부에서 1:1 비율로
	  근로소득 장려금 지원
	· 신청방법: 관할 주소지 읍면동 주민센터로 문의 및 신청

내일키움통장
(보건복지부)
	· 자활근로사업단에 성실 참여 중인 수급권자 또는 차상위 계층에게
	  적립형 통장을 통해 목돈 마련 기회 제공
	· 자활근로사업단(근로유지형 제외)에서 일정 기간 이상 성실하게 참여한
	  근로자 대상
	· 본인 저축액을 정하여 일정 기간 납입하면 본인 저축액의 1:1로 장려금 적립
	· 신청방법: 관할 주소지 읍면동 주민센터로 문의 및 신청

한부모가정 취업촉진 및 자산형성지원사업 (서민금융진흥원)	· 한부모가정 근로자가 적금에 가입하면 납입 금액 기준 우대이율 제공 · 신청방법: 서민금융진흥원에서 접수
미래행복통장 (통일부)	· 근로소득이 있는 북한이탈주민이 지정된 은행에 미래행복통장을 개설하여 약정금액을 매월 저축할 경우, 정부가 같은 금액을 적립해 줌으로써 북한이탈주민의 자립 및 자활에 필요한 목돈마련 지원 · 신청방법: 북한이탈주민지원재단(남북하나재단) 접수

흔들리는 마음을 붙잡아주는 커리어 로드맵

아무리 강소기업이라고 하더라도 중소기업에서 일하는 것에 두려움이 많다는 것을 충분히 공감한다. 회사에 대한 불안감, 불투명한 미래, 오르지 않는 월급 등 여러 가지 문제가 있으므로 계속해서 더 발전할 수 있는 곳을 찾게 되는 것이다. 그렇기에 당장은 중소기업에서 일을 시작하더라도 장기적으로 어떻게 자신의 커리어를 개발할 수 있을지 계획을 세워보는 것이 중요하다.

이럴 때, 체계적으로 미래를 준비할 수 있도록 도와주는 것이 바로 '커리어 로드맵'이다. 물론 우리의 인생은 늘 계획대로 흘러가지는 않는다. 그렇지만 이러한 로드맵이 없다면 뚜렷한 방향성 없이 이리저리 흔들리며 인생을 살아갈 수밖에 없다.

Do it - 커리어 로드맵 작성해보기

커리어 로드맵은 설정한 진로 목표에 맞추어 구체적인 실행 계획을 작성해보는 것이다. 예를 들면, '마케팅 직무로 중소기업 취업 이후, 3년 뒤에 중견기업, 10년 뒤에 대기업 경력직 이직'이라는 목표를 세웠다고 가정하자. 그렇다면 이런 식으로 커리어 로드맵을 작성할 수 있을 것이다. 예시를 참고하여 자신의 커리어 로드맵을 작성해보자.

구분	개월	나이	실행 목표
단기	1개월	25세	마케팅 직무 필요 스펙 확인하기
	2개월	25세	마케팅 분야 직업훈련 신청하기
	3개월	25세	마케팅 분야 아르바이트 경험하기
	6개월	25세	마케팅 분야 자기소개서 완성
	9개월	25세	SNS마케팅 직업훈련 수료
	1년	26세	- 사회조사분석사 자격증 취득 - 중소기업 마케팅 직무 취업 성공
중기	2년	28세	
	3년	29세	마케팅 분야 석사학위 취득
	4년	30세	중견기업 경력직 이직
	5년	31세	
장기	7년	33세	
	10년	36세	대기업 경력직 이직
	20년	46세	

이렇게 작성한 커리어 로드맵에 따라서 하루하루 최선을 다해 노력하다 보면 목표 기업 및 직무에 맞춰서 취업에 성공할 수 있고, 언젠가는 해당 분야의 전문가로 성장할 수 있을 것이다. 지금 당장 사람들이 인정하는 '전문직, 공기업, 대기업'에 취업할 수 없다고 낙심하지 않았으면 좋겠다. 기업들은 점점 실무 역량을 가진 경력직 인재를 선호하기 때문에 오히려 실제로 일을 하며 관련 경험을 많이 쌓고, 실무에서 성과를 내는 것이 장기적으로는 더 유리하다. 그렇기에 매일매일, 순간순간의 노력이 매우 중요하며, 오늘 하루를 잘 살아낼 필요가 있다.

구분	개월	나이	실행 목표
단기			
중기			
장기			

에필로그
스펙보다 중요한 것은
'분명한 방향성'과 '한 걸음' 내딛는 것

강의를 할 때마다 어떻게 마무리 멘트를 해야 할지 고민이 된다. 무언가 임팩트 있는 하나의 명언이나 이야기를 들려주면 좋겠다고 생각하지만 늘 어려운 일이다. 그럼에도 교육생들에게 가장 많이 들려주는 이야기는 '방향'과 '한 걸음의 중요성'에 관한 내용이다. 이 책을 마무리하면서도 이 이야기를 해주고 싶다.

A라는 사람이 있었다. '좋은 회사에 취업해서 돈 많이 벌고, 행복하게 살자.'라는 목표를 가지고 열심히 살았다. 그래서 학점을 잘 받기 위해 공부하고, 자격증을 취득하고, 영어 공부를 하고, 대외활동을 했다. 그리고 어려운 서류전형과 면접전형을 통과하여 원하던 기업에 입사했다. 하지만 1년, 2년, 3년이 지나고 생각한다. '이건 내가 생각하던 삶이 아닌데….' 그러한 삶을 도저히 견딜 수 없었던 A는 힘겹게 취직한 대기업 _{공기업}을 그만두고 방황하기 시작한다.

B와 같은 사람도 있다. 그동안 다양한 이유로 취업을 제대로 준비하지 못했다. 그런데 막상 취업을 준비하려고 하니 이런저런 막막한 상황들에 마주한다. 자기소개서는 3줄 밖에 안 썼는데 도저히 무얼 써야 할지 모르겠고, 그럭저럭 서류를 완성하여 입사 지원을 해도 내 입사지원서를 열람했다고는 하는데 면접 연락이 없다. 그나마 겨우 면접 보자는 연락이 와서

면접을 보러 갔지만, 도대체 무슨 말을 하고 나왔는지 기억도 나지 않는다. 그래서 생각한다. '아, 다 필요 없고, 그냥 아무 데나 취업만 하면 좋겠다."

이렇게 A나 B처럼 분명한 방향 없이 열심히 살았거나 계속된 취업 실패로 방향성을 상실한 사람들에게는 6장의 내용이 도움 되었을 것이다. 내가 좋아하는 것, 잘하는 것, 중요하게 생각하는 것들을 진지하게 고민해 보면서 장기적 관점에서 진로 목표를 설정하고, 취업의 방향성을 설정하는 것이 중요하다.

두 번째로 말해주고 싶은 것은 '한 걸음의 중요성'이다. C는 계속해서 취업을 시도했지만, 실패와 좌절을 경험하고 결국 '취업포기자'가 되었다. 자신이 가진 사회적 꼬리표 지방사립대학 출신, 특성화고 출신, 경력단절여성, 장애인, 북한이탈주민, 결혼이주여성 등 로 인해 면접 과정에서 무시와 차별을 당했다. 아무리 노력해도 취업이 될 것 같지 않고, 쟁쟁한 경쟁자들과 비교해 가진 것이 너무 없다고 생각하여 무기력하게 하루하루를 살아갔다. 그리고 생각했다. '어차피 이번 생은 망했어.'

C와 같은 상황에는 '그럼에도 한 발짝 내딛는 것'이 필요하다. 암울하고 불투명한 대한민국의 상황이지만, 생각보다 우리 주변에는 취업을 응원

해주고 지원해주는 사람들이 많다. 가깝게는 내 주변의 취업을 위한 인적 자원에서부터 다양한 취업지원기관까지 우리가 활용할 수 있는 자원들이 있다. 실제로 이 책에서 소개하는 많은 사람은 여러 가지 사회적 제약 속에서도 다양한 자원을 활용하여 취업에 성공했다. 그리고 대한민국은 IT 강국이다. 웹툰을 보고, 유튜브 영상을 볼 시간을 조금만 할애하여 우리의 취업을 위해, 우리의 미래를 위해 필요한 자료를 조사해보자. 1장의 내용을 보면서 필요한 정보를 탐색하고, 정리해나간다면 취업에 한 걸음 가까이 다가갈 수 있을 것이다.

2장부터 4장까지 취업 준비를 위한 Do it 활동들을 차근차근 따라왔다면 서류전형과 면접전형, 그리고 필요한 직업훈련까지 잘 준비할 수 있을 것이다. 궁극적으로 취업에 대한 막막함과 답답함으로 이 책을 펼쳤던 사람들이 [5장 '첫 출근인데 뭐부터 해야 하지?'] 파트를 읽을 수 있는 그 날을 간절히 소망해본다. 이렇게 이 책을 최대한 활용하여 독자가 정한 목표에 맞게 취업에 성공한다면 작가로서 더할 나위 없이 기쁠 것 같다. 마지막으로 최근 CF에 나왔던 유명 대사를 인용해서 이렇게 말해주고 싶다.

"야, 너도 취업할 수 있어."

MEMO

MEMO

스펙이요? 없는데요?
한 권으로 끝내는 취업종합선물세트

초판 1쇄 인쇄   2023년 9월 11일
초판 1쇄 발행   2023년 9월 15일
지은이   유성열
기획   정강욱 이연임
편집   백예인
디자인   서희원
출판   리얼러닝
주소   경기도 파주시 탄현면 고추잠자리길 60
전화   02-337-0324
이메일   withreallearning@gmail.com
출판등록   제 406-2020-000085호
ISBN   979-11-984424-0-6